妄想主婦&読者が
トライした
「引き寄せ実験13」

妄想実験

アメブロ「妄想は世界を救う。」
かずみん

廣済堂出版

はじめに

「同じ事を繰り返しながら、違う結果を求める事を狂気という」

と、アインシュタインが言ったとか言わなかったとか。

誰が言ったかははっきりわかっていないようですが、この言葉はまさにその通りだと思うのです。

同じことを繰り返していたら、同じ結果が訪れるのは当たり前。

そんなことはきっとみんなわかってるはずなのに、「人生が変わるような素敵なことが起きないかな」なんて期待しながら、今までと同じようになんとなくテレビを見てＳＮＳを眺めて「明日も仕事だ」とため息をつく毎日を送ってしまうのです。

もちろん、「人生が変わるような素敵なこと」がふいに舞い込んでくる可能性はゼロではありません。

でも、いつやって来るかわからない届け物を「まだか、まだか」と待つよりも、自分がちゃっちゃと注文したほうが確実に届きますよね。

自分の人生だって、それと同じ。

「いつかやってくるかも知れない良いこと」を待ち続けるよりも、ちゃっちゃと自分から動いちゃいましょう。

「今の自分の毎日」は、今まで自分が思ってきたことや、してきた行動、意識を向けていたものから出来上がっています。

じゃあ、「思っていること」や「行動」や「意識を向けているもの」を変えたら、「自分の毎日」が変わる可能性が高いということですね。

さらに、「こんなふうに生きていきたいと自分が思う人生をすでに叶えている人」がやっていることを真似したら、すっごくうまくいきそうですよね！

いろいろな人が、「こんなふうにしたからうまくいった」「こんなことをしていたから成功した」という体験談を教えてくれています。

でも、「その人には合っていたこと」があなたに合っているとは限りません。

だから、まずは気になったことをやってみる。そして自分が楽しみながらできるこ結果が変わっていきます。

そうしているうちに少しずつ自分の考え方が変わり、行動が変わり、それに伴って結果が変わっていきます。

難しいことを頑張るより、簡単なことを続けるほうが、ずーっと効果的なんです。

とを、長く続ける。

私も、難しいことやめんどくさいこと、嫌いなんですよ。

本当は、「妄想だけしてたら願いは叶うよ！」と声を大にして言いたい。だけど、どうも妄想だけでは足りないこともあるのだと、読者の皆様から届くメッセージを読んで感じたのです。

妄想では現実を変えるだけのパワーが足りないなら、何かの行動をプラスすればいい。妄想ができない人は、妄想じゃない何かをすればいい。

そんなふうに考えながら作ったのが、今回の妄想実験です！

この本でご紹介しているのは、「こんなことをしてみたらどうなるかな？　どんな結果が待っているかな？」とワクワクしながら、ブログやメルマガを通して読者の皆様と一緒にやってみた実験の数々です。

うまくいったものもあれば、うまくいかなかったものもある。私がうまくいかなくても、他の方がうまくいったものもある。最初はうまくいかなかったけど、ちょっとやり方を変えたらうまくいったものもある。何度かチャレンジしてみたけど、自分にはどうしてもダメだったものもある。

学校の勉強じゃないんですから、全部平均点以上とらなきゃいけないなんて頑張る必要はないんです。自分に向いてないものはやらない、自分が楽しめることを続ける。

こちらで紹介した妄想実験は、「全部成功するまでやってください」というものではなく、自分に合った潜在意識の書き換え方法を見つけるためのものです。

自分に合った書き換え方法を見つけたら、小さな願いも、大きな願いも、スルスルと叶ってくれるようになりますから。

そして、あなたの毎日をより良いものにして、これでもかっていうくらい幸せな日々を送ってください。

この「妄想実験」が少しでもそのお手伝いをできたとしたら、こんなに嬉しいことはありません。

最後に、いつも私を支え、応援してくれている家族、今までお世話になったすべての方々、私のブログや本を読んでくれている読者の皆様に、心からのありがとうを込めて。

この『妄想実験』が10冊目の本となりました。皆様のおかげで、普通の主婦である私が10冊も本を出すことができました。

私の願いが叶ったように、皆様の願いも絶対に叶いますからね。

かずみん

2021年8月　妄想日和

目次

妄想実験

妄想主婦&読者がトライした「引き寄せ実験13」

CHAPTER

1 妄想は科学です！

――「現実が変わる」そのメカニズム

CHAPTER

2

妄想実験

——「13の引き寄せ実験」で確かめた！

CHAPTER 3 妄想実験Q&Aとまとめ

——こんなときはどうしたらいいの？

CHAPTER 4

「不安なんて、あっち行け！」
――3分でできるエネルギー切り替え実験

CHAPTER 1

妄想は科学です！

――「現実が変わる」そのメカニズム

「持続する幸せ」を呼びこむ力。それが「妄想力」です

とある埼玉県在住の女性（43）のステータス。

知力……普通
体力……たぶんない方
容姿……平凡　というかハニワ
メンタル……豆腐並みにもろい

妄想力……ゲージ満タン

これは、「妄想力」だけで多くの願いを叶えてきた女性のお話です。

……って、まあ私のことなんですけどね！

何もかもが「可もなく不可もなし」というごく平凡な私ですが、今までにいろんな願いが叶ってきました。

なぜか好きになった人との恋が叶っていく。

「本を出したい」と思っていたら、本の出版が叶う。

「家で仕事がしたい」と思ったら、どんどん仕事が舞い込んで来る。

私がブログを書くようになったきっかけである、作家の奥平亜美衣さんにお会いしたいと思っていたら、お会いできた（どころか、香港ディズニーランドでご一緒させていただいた）。

「家族との時間が増えるといいな」と考えていたら、夫が主夫になり、いつでも家族と好きな場所に出かけられるようになる（つまり、それだけの経済的状況も叶う）。

「ここに旅行したい」と思っていたら、トントン拍子で行ける。

不労所得という響きにニヤニヤしていたら、不労所得が増えていく。

私が叶えてきた願いは、こんなところでしょうか。

年収10億円を叶えているわけではないし、豪遊している生活を実現させているわけではないので「地味だな」と感じる方もいるかも知れません。

ですが、**何か大きな幸せを1個や2個体験した！　という瞬間的な喜びよりも、派手さはないけど幸せな生活が毎日続いている。**

こんなふうに「持続する幸せ」が、何より大事だと思うのです。

派手なアピールポイントはないけれど、確実に、自分にとって一番心地の良い幸せを叶えていると私は自信を持って言うことができます。


そう！　その秘訣が「妄想力」なんです！


先ほど、私は「いろんな願いを叶えてきた」と書きましたね。

でも、「願っていたこと」というより「思っていたこと」が叶ってきているんです。

「こうなりたい」「こうしたい」と思う→妄想力がフルゲージ満タンの私は、そう思ったと同時に「叶ったところを妄想してしまっている」。

これが、スルスルと願いを現実化する力になってくれるのです。

「思い浮かべる」と「妄想する」は違います

「妄想力」と聞くと、ストーリーを組み立てる力や、脳内で映像を見る力が必要だと感じる方が多いかも知れませんが、私は架空のストーリーを作れないし、脳内で映像を鮮明に見る力もありません。

私の妄想力はただ、妄想の世界に全力で入り込むこと。妄想に浸ること。妄想という架空の世界にうっとりする力に長けていた、というだけのことなんです。

面白い映画を観に行くと、映画の世界にどっぷり入り込みますよね。

私の妄想も、そんな感じなんです。

好きな人が出来たら、好きな人の優しい目をぼんやり思い浮かべる。好きな人に「大好きだよ」なんて言われちゃってるところを妄想する。

「お金持ちになりたい」と思ったら、おいしいものを食べて、欲しいものを買って、行きたい場所に行って、好きなことをして過ごしている自分を妄想する。

ストーリーなんてものは何もないけど、ただそんな場面を何度も何度も頭の中に思い浮かべては、それをリアルに「体験している」と感じていたんです。

すると、あら不思議。

妄想であっても、「幸せ」だと感じることができちゃうんです。

〝脳〟は「実際に体験していること」と、「ただ頭の中で思い浮かべているだけ」のことを区別できません。

それがたとえ「ただの妄想」であっても、心には感情が伴い、体が反応することがあります。

例えば、好きな人に抱きしめられているところを妄想して、安心感に包まれる感じ。

胸がドキンドキンとする感じ。

宝くじに当たった場面を妄想して「やったああ！」と心が高揚する感じ。

逆に、お呼びじゃない妄想もしてみましょう。

財布がバッグに入ってない！　いくら探しても、ない、ない、ない！　どこかに落としてしまった!?　財布の中には、今月分の生活費が全て入っていました。

……血の気がサーッと引く感じ、体感しましたか？

あなたは一番信頼している人に、騙され、裏切られました。もうあなたは人を信用することができません。人を信じる気持ちも、お金も、失ってしまいました。

……気持ちが落ち込み、心にどーんと重いものがのしかかる感じ、なんとなくでも体感しましたか？

こうして、「ただ思い浮かべるだけ」ではなくて、妄想することで心と身体が反応するようであれば、「妄想に入り込んでいる」ということになります。

映画を観たときや、漫画を読んだ時に、その世界観に入り込んでなかなか現実に戻って来れないこと、ありますよね。

それを、自分の脳内だけで見ることが出来る妄想でもやって欲しいんです。いえ、この本を手にとってくださったのならぜひやりましょう。というか**1日最低1時間は妄想の時間をつくること**を、国民の義務にしましょう。

妄想はエネルギー、科学なんです

でも、絶対に絶対に、妄想は幸せなものにしてくださいね。

なぜなら、その妄想は現実のものになる可能性が高いからです。

これはふわふわしたスピリチュアルのお話ではなく、科学的にも証明されていることなんです。

この世界は「エネルギー」で満ちています。

私たちの周りには空気も存在しているし、電磁波も飛び交っています。

エネルギーも目には見えないけど、存在しています。人も、人それぞれのエネルギーを持っているし、空間にもエネルギーはもわもわ飛んでいます。

エネルギーを、煙のようなものだとイメージしてみてくださいね。

では、ディズニーランドにはどんなエネルギーが飛んでいるでしょうか？

「楽しい！」「ウキウキ！」「ワクワク！」「ドキドキ！」「幸せ！」　こんなエネルギーが飛び交っています。

もともとディズニーランドという場所に楽しい！エネルギーが飛び交っている上に、「ディズニー楽しみー！　ワクワク！」というエネルギーの人たちがたくさんやって来るので、ディズニーランドはますます「楽しい！」「ワクワク！」のエネルギーで満たされることになります。

楽しい人はより楽しく、「ディズニーなんてよくわからない」という気分で来た人も、ディズニーランドという場所が持つワクワク！エネルギーに影響されて、「あれ？　なんか楽しくなって来たぞ」という気分になることが多いんです。

なんだか気分がモヤモヤするときに、自然がいっぱいの場所に向かうと、気分がスッキリすることとありますよね。これも、場所のエネルギーに影響されているから。

自然がいっぱいの場所には、ただそこにいるだけで癒やしや安心感をもたらしてくれる効果があります。

人によって、癒やしや「ワクワク！」のエネルギーを感じる場所は違いますが、私は特に旅行先のホテルやライブ会場、スタジアムや空港に行くと無条件で「ワクワク！」のエネルギーを感じることができます。

逆に、お葬式などは悲しみのエネルギーに満ちていますね。

このように、「人」と「人」と「空間」はエネルギーで影響し合っています。

もちろん、「人」と「人」の間でもエネルギーはばちばち影響し合っています。

以前、私が家で一人で過ごしていたとき、お金持ちになった妄想をしてにやにやしていました。「豊かエネルギー」と「幸せエネルギー」で満ちていたのですね。

そのとき、夫がプリプリ怒りながら帰ってきたのです。どうやら帰宅途中に、危険な運転をするドライバーに出会《でくわ》したとのこと。

夫が「怒りエネルギー」をまといながら帰ってきたので、私のエネルギーも、空間のエネルギーも、一変しました。これは、その時の強烈な「感情」がその人のエネルギーを変化させ、周りにも影響を与えるという例ですね。

たとえ言葉に出さなくても、「あの人、なんかイライラしてるな」「彼女、なんとなく元気がないな」と感じることもあるはずです。これも、その人がまとうエネルギーの変化を察知しているからです。

思いを潜在意識にインプットする

では、話を妄想にもどします。

妄想することで「快」もしくは「不快」の感情を得る。

すると、自分から放っているエネルギーが「快」「不快」に変化します。

そして、エネルギーは同じものや似たもの同士で引き合う性質があります。

ということは、**自分が「快」のエネルギーでいればまた「快」の出来事を、「不快」のエネルギーでいれば「不快」な出来事を呼び寄せる**ということです。

これが**「引き寄せの法則」**と呼ばれているものですね。

現実に反応しているだけでは、何も変わりません。まずは自分のエネルギーを変える。それに応じて現実が変わっていきます。

妄想なんて、自由なんですから。何の縛りもないんですから。望まないものよりも、望むものを映し出してください。

「願いを持っている」ということは、自分の心の中で「常にその願いについて意識している」ということです。

叶わなかった未来じゃなくて、**叶った未来を何度も妄想することで、エネルギーは「叶ったあとの自分」に変化し、潜在意識にしっかり植え付けられます。**

自覚できる意識の中では忘れてしまっている時間があっても構いません。

それでも、潜在意識にインプットされた思いは実現化するのです。

数年前に、私はアメブロのオフィシャルブロガーになりたいと思っていました。

「オフィシャルになりたい！」と思った人全員が、オフィシャルブロガーになれるわけではありませんね。

それでも、「なれそうだから願う。なれそうにないから願わない」なんて言ってる場合じゃありません。妄想では自由なんですから。オフィシャルブロガーになった自分のブログのトップページを何度も妄想し、オフィシャルブロガーになったつもりでいつもブログを書いていました。

「ピコン!」のサインを見逃すな

それなのに、どうしたことでしょう。なかなかオフィシャルブロガーになれないんです。

私の心の中ではもう完璧に「なっていた」のに。

しかも、アメブロさんスタッフさんと打ち合わせの機会があり、「オフィシャルになりたいんですけど！　どうしたらいいですか！」と鼻息荒くアピールしたものの、良い返事は待てど暮らせどやって来ません。

「もうダメなのかなあ」と思うこともそりゃありましたが、でも私のお花畑妄想は止まらないんです。いつも「Ameba オフィシャル」というロゴが、自分のブログに表示されているところを心の目で見ていました。

その頃、お世話になった出版プロデューサーさんと、仕事とは全く関係なく食事をご一緒しました。楽しいひと時を終え、別れ際に「何か私にできることがあったら言ってくださいね」とおっしゃってくださったとき、私の頭に「はっ！　アメブロオフイシャル！」と、ピコン！　と電球が灯りました。

「図々しいかな」なんてそんなことは言ってられません。だって、自分の願いを素直に口にするのは自由。「アメブロオフィシャルになりたいんです！」とまたもや前のめりで自分の願いをアピールしました。

それからまもなく、アメブロオフィシャルブロガーになることは叶いました。出版プロデューサーさんが、知り合いのアメブロスタッフさんに掛け合ってくれたのです。ただ「思う」「妄想する」だけではなく、ピコン！　と電球が灯ったときには、行動に移すことも大切です。

恋愛の願いも同じ。ピコン！　と電球が灯ったら、勇気を出して食事に誘ってみましょう。ピコン！　と電球が灯ったら、彼のことを見つめてそっと微笑んでみましょう。ピコン！　と電球が灯ったら、彼にウインクしてみましょう。

ピコン！　とひらめいた何かは、潜在意識からのサインであり、願いを叶えるためのアシストです。

せっかくのヒントを送ってくれているのに、そのサインを見逃してしまって何も行動しなければ、潜在意識がすねてしまいますからね！

どこかに「変わることが怖い」自分がいます

「妄想してるけど何も叶ってない」という方は、このように、「ただ思うだけで行動が伴っていない」もしくは「望んでいないことを考え、頭の中のスクリーンに映し出している時間のほうが長い」ことが多いんです。

現実になっていくのは、より長い時間、自分が見ているものや思っていること。

自分の中にある信念や思い込みのようなものが、自分の現実に反映されます。

「幸せになりたい」と言いながら、人は心の中で全く逆のことを考えていることがあります。

「別に幸せにならなくてもいい」と自ら幸せの受け取り拒否をしてしまったり、不幸であることを選び続けていたり、無意識のうちに「私は幸せになっちゃいけない」と思ってしまっていたり。

「恋愛がうまくいかない私」

「貧乏な私」

「不幸体質の私」

こんなままで居続けるほうが都合がよく、楽だと思ってしまっている可能性もあるんです。


恋愛がうまくいかないと、友達と同じ悩みを共有することができる。周りから同情もされて慰めてもらえる。

お金がないことを言い訳に、いろんなことから逃げることもできる。新しいことにチャレンジしなくてもよくなる。お金がないことを親や旦那や社会のせいにして、いつまでも被害者の自分でいられる。

こうして、悲劇のヒロインなりきりごっこに夢中になってしまうことがあるんです。なんて恐ろしいんでしょう！

被害者でいても幸せはやって来ないし、嘆いていても現実は変わりません。

人の本能は、変化を怖がります。

それがたとえ『不幸』なことであっても、自分が何度も体験し続けたことだったりして、それが日常になってしまえば、「変わらないほう」を選んでしまうことがあります。

毎日質素なご飯だから、たまにはごちそうが食べたい！　と思っていたけど、いざ超豪華フレンチディナーに誘われたら「怖い！　だってマナーもわからないし、何を着て行けばいいのかもわからない！」と恐怖を感じてしまい、「やっぱり私は毎日ふりかけご飯でいいの」と「本当は不幸な状況」を選び続けてしまったり。

「素敵な人と恋がしたいわ」と願いつつも、いざ超お金持ちのイケメンが現れたら「いやいやいや、こんな人と私が恋なんてありえないでしょ」と、ごく平凡な人と恋に落ちたり。

いえ、ふりかけご飯とごく平凡な人を否定しているわけではないですよ!?

ただ、選択肢はたくさんあっていいよね、ということなんです。

今の自分を幸せにしてくれるのが、ふりかけご飯ならふりかけご飯を選ぶ幸せ。

自分を本当に幸せにしてくれるのが、ごく平凡な人ならごく平凡な人との恋をあためる幸せ。

豪華フレンチディナーとお金持ちのイケメンが自分を幸せにしてくれるなら、そちらの幸せを選べる自由があってもいいですよね。

ふりかけご飯は不幸でも負け組でもないけれど、ふりかけご飯を選びたくないのに選択肢がふりかけご飯しかないという状況は、やはり人生の楽しみが半減していると思うのです。

選択肢を変えることや、世界が変わることは恐怖も伴います。

だけど今、自分が幸せじゃないと感じているなら、変わる勇気を持たないと！

そして、「変えたい」と願っていても何も変わらないなら、何かを変える必要があります。

今の現実や、過去ばかりを見つめ続けていても、未来は何も変わりません。

妄想は場所を選ばない。お金も時間もかからない

「とは言っても、素敵な人との出会いもないし」

「仕事も減っちゃって、お金もないし」

コロナのこともあり、近頃はそんなことも言いたくなるようなこともいろいろと起きましたね。

人との付き合い方も、働き方も、大きく変わりました。

「だから、何もできない」

と嘆くのではなくて、クルッと考え方を変えてみましょう!


外にも出ないで、家で、今この瞬間からできること。

誰とも会わずとも、一人でもできること。


そう! 妄想があるじゃないですか!

妄想は、お金がかかりません。場所も選びません。時間だってとりません。
もちろん現実を変えるほどのパワーを持つには、1日1分程度の妄想では到底足りませんが、1秒の妄想でも積み重ねればパワーになる！　それに、何かをしながらの「ながら妄想」であってもその効果はお墨付きです。

頭の中で、幸せな恋の妄想をする

↓

実際は一人であっても、「幸せな恋を体験している」と潜在意識にインプットされる

↓

自分のエネルギーが変わる

↓

現実と自分のエネルギーにギャップがある場合、そのギャップを埋めようと潜在意識が働き出す

←

幸せな恋を現実化するために、素敵な相手が現れる

こんな流れで、スタートは「一人」であってもそれに合った状況や人物を連れてきてくれるのが、妄想のすごいところなんです。

潜在意識は自分の中だけに存在しているものではなく、他の人の中にも存在しています。当然ですね。

そしてこの潜在意識は、他人とも繫がっています。

潜在意識下では、エネルギーを送り、キャッチし合っています。目に見えないだけで、電波のようにエネルギーもいつでも飛び交っているんです。

「本を出したい！」と本を出版した自分の姿を妄想する

←

「面白い本を出すぞ！」を考えている編集者さんや出版社関係の人々に、エネルギー

が届く

←

うまいこと出会う

←

手を取り合う

←

本が出来上がる

こうして、妄想は一人でしていても、それが潜在意識に届くことで、人と人をつなげてくれる力も持っているんです。

「うまいこと出会う」と書きましたが、これも本当にその通り。

今は特にＳＮＳが普及しているので、一昔前よりも人と人が繋がりやすい、ありがたい時代になっているはずです。

妄想は現実を生き抜く力に変わる

　また、自分のエネルギーを意識的に変えることで「他人から見た私」も変わっていきます。

「私なんて貧乏だし」と自分のことを扱っていると、「私なんて貧乏エネルギー」をまとうことになってしまいます。自分が自分をそのように扱うように、周囲の人々もあなたのことをお金持ち扱いはしてくれません。

「フリ」でもいいから「私はお金持ちよ！」と胸を張って歩いてみましょう。私が歩いたあとには薔薇が咲くのよ！　私の体からは汗じゃなくて金粉が溢れ出てくるのよ！　と、ただのイタい人になって歩いてみましょう。大丈夫、頭の中は見えませんから。頭の中が見えてたら、私なんてもうとっくに捕まっていますから。

　やっていることはただのイタい人でも、幸せな妄想や幸せな勘違いはあなたのエネルギーを変えてくれます。自分のエネルギーが「私はお金持ち」に変わるにつれて、現実も変わっていきます。

「私は美人」「私は溺愛されている」というエネルギーも同じですよ。そのエネルギーに「はい！　了解！」と応えるように、周囲の反応も、自分を取り巻く世界も変わっていきます。

今の時代、嘆いているヒマなんてありませんよ！

たったひとりで始めた妄想が、多くの人を巻き込み、自分の世界を大きく変える力にもなるんです。

でも、そうなるかならないかはあなた次第。

妄想と現実をはっきり区別してしまい、ただ妄想に逃げているだけでは何も変わりません。

妄想に逃げるのはいいけれど、それを現実世界を生き抜くパワーに変えなくては。

大丈夫！　現実だけで生きるのではなく、妄想だけで生きるのでもなく、バランスを取りながら生きていけば、「妄想も幸せ」「現実も幸せ」という世界がやって来てくれますから！

未来がわからないからこそ、未来を信じましょう。

それを人は『希望』と呼びます。

世界を変えるために、今すぐ動き出しましょう。

世界を変えるにはまず自分のエネルギーを変える!

じゃあ具体的に、自分のエネルギーを変えるためには何をどうしたらいいのでしょうか?

ここからは、簡単にサクッとできる実験を一緒にしていきましょうね。

CHAPTER 2

妄想実験

――「13の引き寄せ実験」で確かめた！

自分の現実を変えるためには、まず自分のエネルギーを変えなければいけません。

でも、「難しいことするの？」と怖がる必要はありませんよ！　めんどくさいこともありません。私もめんどくさがり屋ですが、サクッとできることばかりです。サクッとできないことは、楽しみながら続けることができます。

そんな、「何をしたらいいかわからない」という方のために、実験を集めてみました。実践することで、あなたのエネルギーを「幸せエネルギー」「愛されエネルギー」「豊かエネルギー」「叶うかも・できるかもエネルギー」に変えていきます。

私が配信しているメルマガで、読者の皆様と一緒に実践したものもあります。

皆様からの実験結果の報告もご紹介していきますね！

まずは、やってみる。そしてうまくいったら喜び、はしゃぐ。うまくいかなかったら、なんでうまくいかなかったのかな？　と分析してみる。「やっぱり私はうまくできないんだ」と落ち込んでるヒマがあったら、前に進みましょう！

自分の願いとはまるで関係ないように思えても、とりあえずやってみる。

こういう行動力や瞬発力が、潜在意識を味方につけるためには必要不可欠なんです。

最初の実験は、「バナナ引き寄せ実験」です。

え、バナナ〜!?

バナナ引き寄せ実験なんて、意味があるようには思えませんよね。

でも、それをやってみる。そして成功する。

この経験は必ず、あなたの潜在意識にデータとして残ってくれます。

サクッとできる簡単な実験ですので、ぜひ楽しみながらやってみてください。

実験01　バナナ引き寄せ実験

【難易度　★★☆】

期間

1カ月。早い方なら1～2週間、ものすごく早い方なら1時間以内に実現可能

効果

「叶うかも・できるかもエネルギー」に変わる
「自分が意識しているものを引き寄せるんだ」という確信が得られる
「自分が脳内で体感したことを、また現実でも体験できる」という自信を得る

得られるもの

- 自分の引き寄せ力への自信
- おいしいバナナ

やり方

- 1日に3分は「バナナ」を頭の中でイメージしてください。
- 一回で3分でもいいし、ちょこちょこイメージを繰り返してトータル3分でも大丈夫。
- トイレに入るたびに頭の中でバナナをイメージ……という方法もいいですね！
- イメージは上手にできなくても問題ありません。
- イメージ出来るのは、黄色い物体……細長い物体……という程度でも、それを自分が「バナナだ」と感じていればＯＫです。

イメージするのは「バナナそのもの」でもいいし、「バナナを持っているところ」でもいいし「バナナの香り」「バナナの味」でも構いません。

あなたが一番イメージしやすかったのが、「妄想をリアルに感じやすい五感」ということになります。

バナナそのものをイメージしやすいなら、視覚。バナナを持っているところなら触覚、香りなら嗅覚、味なら味覚です（バナナから音をイメージするのは難しいので、聴覚は省きます）。


自分が一番イメージしやすい形で、毎日バナナのことを思い出してください。


「毎日3分バナナをイメージをする」以外のルールはひとつだけ。

「自分でバナナを買う」は無しとします！

もちろん、バナナが好きな方は買ってもらって大丈夫ですよ～。でも、今回の実験に関しては、それだけでは成功にはしないということです。

「え～、じゃあどうやって自分のもとにやって来るの？」と思われるかも知れませんが、毎日3分のバナナ妄想をしばらく続けていると、バナナが自分のもとにやって来ます。

自分のもとにやって来ると言っても、なかなか奥が深いのが引き寄せの世界です！
その引き寄せレベルを3段階に分けてみますね。

レベル1 バナナに関する何かを目にする、耳にする

まず最初の段階です。バナナは、どのような形でやって来るかはわかりません。

・テレビを見ていたらバナナに関する何かが出てきた
・バナナの形の雑貨を目にした
・バナナジュースを飲む機会があった
・曲を聴いていたら歌詞に「バナナ」が出てきた

「バナナを手に入れる」というと、バナナそのものを手に入れて食べる、とイメージしてしまいがちですが、こんなこともあり得ちゃうのが引き寄せなんです。

以前、メルマガでりんご引き寄せ実験を行った際に、読者の皆様からいただいた引き寄せ報告をご紹介しますね！

◆母が突然りんごにまつわる思い出話をし始めました。その時、りんごを食べていたわけじゃないのに！

◆臨月で入院していますが、赤いりんごや、切った状態で蜜がいっぱいな美味しそうなりんごを想像してみました。
香りや味はぼや〜っとしかイメージできませんでしたが……その日の食事のデザートに青リンゴゼリーが出てきました！

◆思いつく都度「りんごりんご……」とアファメーションしたりイメージしてい

たら、３日後に職場の人がりんごをくれました！　お客様にいただいたお裾分けとして！

◆私は青森県出身で今現在もリンゴが家にある状態だったので、せっかくならなかなか今の時期には手に入らない、大好物の桃でやってみようと思ってやってみたところ、引き寄せました！　桃味のカントリーマアム（福島限定）を！　職場のお土産でいただきました。まさかのカントリーマアム・・・こういう形で来るのか、とびっくりするやらおもしろいやら。

◆アロマの資格をもってることもあり、嗅覚に訴えてみました。カットした瞬間のフレッシュな感覚とか。

　それから間もなく、好きな人とＬＩＮＥをしていたときに、今日は会社にもっていく水筒に、なんのお茶をいれましたか～？　ときいてみました。

　すると、

「アップルティーです」

へぇ〜、アップルティーかぁ〜

ん？　んー!?　ア、アップルティー!!

このように、さまざまな方法でりんごが自分のもとにやって来るのです。

このレベル1を達成したら、次はレベル2に進んでみましょう。

レベル2 バナナが自分の手元にやって来る

次は「バナナに関する何か」ではなくて、バナナそのものを手に入れましょう。

ここ、実はすごーく大事なんです。

胸がドキドキするようなラブストーリーを見て、あなたは主演の俳優さんを好きになりました。その俳優さんをトム・クルーズとしましょう。するとその日から、あなたがトム・クルーズを目にする回数はかなり増えます。と言ってもそれは、トム・クルーズのメディアの露出が増えたと言うよりも、あなたがトムに恋をしたことで、脳が無意識にトムの情報をキャッチするようになったんです。

お金に関しても同じ。「１００万円が欲しい！」と願い妄想していると、「１００万円に関する何か」を必ずキャッチします。テレビで1泊１００万円の超高級ホテルを目にしたり、「1日10分の作業で１００万円稼ぐ！」なんて迷惑メールが届いたり。

バナナも同じです。バナナは今までもずっと、私たちの生活のすぐそばにありますよね。スーパーに入ったら、必ずと言っていいほど売り場に並んでいるし、馴染みのあるフルーツです。

でも、今までは特に意識していなかったから、バナナに関する何かを目にすることがあっても、「あ！　バナナだ！」と脳が反応することはありませんでした。ところが、この実験を始めると、意識下に「バナナ」が居座るために、「あ！　バナナだ！」と脳が反応するようになるのです。

それでも、ただ「バナナに関する何か」「トム・クルーズに関する何か」「１００万円に関する何か」と出会っただけでは意味がありません。

欲しいものはただ眺めているだけじゃなくて、自分のものにしないと意味がないですよね。

本当に欲しいのは「トム・クルーズに関する何か」よりも、トム・クルーズのように素敵な人との恋の体験だったり、実際に１００万円が自分のものになる体験ですよね。

というわけで、「バナナに関する何か」を引き寄せたあとも、バナナそのものを手に入れる妄想を続けましょう。「実物のバナナを手に入れる」となると、「バナナを手に入れた自分」のエネルギーになる必要があります。

バナナを思い描くだけじゃなく、バナナを持っているところ、バナナを食べている妄想をしてみましょう。思いがけない方法でバナナがやって来るので、バナナを見て「本当にやって来た！」「意外とあっけないもんだな」と感じている妄想もオススメです。

では、りんご引き寄せ実験で、「りんごそのものがやって来た！」という皆様からの報告です。

◆りんごの引き寄せ、半信半疑でしたが続けてみましたところ、やり始めて十日ほどで母親から送られてきた荷物のなかにリンゴが入っていました！
思わずおお！　と声が出ました。
数日前から、リンゴに関する記事や、アップルパイの紹介記事なんかを目にするようにはなったなーと思っていたのですが、ついに実物が手元に届いたのです。

◆リンゴ引き寄せ実験ですが、その日のうちにリンゴの写真や文字をたくさん見ました！

その2日後に大好きなリンゴジュースを母が買ってきてくれました。そして祖母からも本物のリンゴをもらいました！　開始して4日ほどで実験成功しました♪

◆メルマガに登録して引き寄せ実験を始めてから、ちょうど1カ月で私の元にりんごが来てくれました〜。と言うか、実はりんごの引き寄せ実験の事はもうすっかり忘れていたんです。

でも、忘れていても、執着して必死に願わなくても、願いを取り下げなければ、ちゃんと私に合ったタイミングで叶うんだな〜と実体験を持って感じる事ができました

忘れた頃にやって来る、忘れていたけど叶う、ということもよくあります。

「バナナを引き寄せる」という実験に対して「出来るかなあ？」と半信半疑の方はいても、「難しそう！　絶対できない！」と感じる方は少ないはずですね。

潜在意識の中に「これならできそう」「私にもできるかも」という思いがインプッ

トされている可能性が高いので、1日3分ほどのイメージや妄想でも叶いやすいというわけなんです。

これが「叶わないかも」という意識が勝ってしまうような大きな願いや目標になってくるとまた変わってくるので、そのケースは「6億円画像を見る」の実験のところで詳しくお話しします。

レベル3 バナナを食べる

実物がやって来たら、次は体験です。

素敵な人が目の前に現れても、素敵な人にとって自分がその他大勢のままだったら意味がありません。100万円が自分のもとにやって来ても、それを使えなかったら意味がありませんよね。

素敵な人との心が満たされる幸せな恋の体験、100万円を好きに使える開放感や幸福感を体験するために、バナナを実際に食べる体験まで実現させましょう。

バナナの香りを思い出しやすい方は、嗅覚をメインに。バナナの味を思い出しやすい方は、味覚をメインにして、リアルに妄想を感じましょう。

「バナナに関する何か」はもう何度か目にしているのに、「バナナの実物がやって来ない！」という方は、バナナを食べている「体験型」の妄想をしてみましょう。

目指して欲しい引き寄せのゴールは、「体験」です。

欲しいものが自分の元に「やって来る」
欲しいものを「持っている」
好きなものが「ある」
好きな人が自分の近くに「いる」
やりたいことを、自分が「体験している」

これを、当たり前のことにして欲しいんです。

そのためには、「欲しい」＝「今、ない」というエネルギーじゃなくて、「欲しい」「手に入れたい」「したい」と思った瞬間に「もう、ある」「持っている」「体験している」エネルギーになることがポイントです！

バナナの実物がなかなかやって来ないという方は、「バナナを引き寄せようと頑張っている私」のエネルギーになっているかも知れません。

頑張っているエネルギーをちょっぴり抑えて「バナナは手に入るから大丈夫、大丈夫！」と、手に入ることが確定したと感じてみたり、「バナナはもう私のところにあるよ」と、「バナナを手に入れた自分」を妄想して「もう既にある」と感じてみてください。

脳は現実も妄想も区別がつきません。

妄想して「ある」と感じるだけでも、「ある」エネルギーになっています。

そして、エネルギーはまた同じエネルギーを引き寄せるので、「バナナがある」現実を実際に体験できるように引っ張られていくんです。

では、私がやった「りんご実験」の結果を公開します。

- 2日後にテレビで「りんごを食べるお猿さん」を目にした
- 2週間後、何気なく小学校の給食献立を見ていると当日のメニューに「りんご」があった
- 約2カ月後に、りんごのことを全く気にせずにスーパーでフルーツカップを買ったら、中に一切れだけりんごが入っていた！　やっと実物のりんごがやって来ました－！

応用編1 「恋愛」の願いを実現させる妄想方法

バナナ引き寄せ実験は、恋愛に応用することもできます。

まず、「こんな人と素敵な恋がしたい」と思う人をイメージをし、脳にインプットさせる。

「背が高い」「おいしそうにご飯を食べる」「動物が好き」など、「こんな人と恋がしたいリスト」作成も効果あり。

ラブストーリーを見たり、デートで行きたい場所の写真を眺めるのもいいですね！

ただ、これだけだと「自分が体験する」エネルギーには届きません。見ているだけではなく、あなた自身が素敵なラブストーリーの主人公にならなくては！

「素敵な人に優しいセリフを言われている」「素敵な人に愛おしそうに見つめられている」「素敵な人に抱きしめられている」「素敵な人に大事にされている」場面を、妄想で何度も体験してください。

バナナ実験のように、全ての五感をフル活用する必要はありません。

「素敵な男性のイメージなら、なんとなくでもできるわ」という「視覚」が得意な方は、「目の前に素敵な男性がいる」「好きな人が自分を見つめている」という妄想をしてみましょう。

「男性の声や甘いセリフを頭の中で再現できるわ」という「聴覚」が得意な方は、耳元で囁かれている妄想をしてみましょう。

「嗅覚」が得意な方は、「私の彼はこんな香り」とイメージできる香りを感じましょう（コーヒーでも、柔軟剤でも、シャンプーでも、なんでも構いません！　本当の彼の香りはどんなんだっていいんです。自分の頭の中で「この香りが彼」だと感じることができればそれでOKです）。

「触覚」が得意な方は、自分に触れる彼の指や、彼に抱きしめられている感触を感じましょう。

はい、これで見ているだけの妄想ではなくて、「体験型」の妄想になりました。

ではさらに、体験型妄想のパワーアップです。

ぬいぐるみを用意して、ぎゅーっと抱きしめながら目を閉じてみましょう。

視覚が得意な方は、脳内に素敵な彼を思い浮かべます。聴覚が得意な方は、素敵な声を再生します。嗅覚が得意な方は、香りを感じます。触覚が得意な方は、抱きしめているぬいぐるみの触感を「彼」に変換します。素敵な彼の筋肉の感じ、思い浮かべてくださいね！

実際に抱きしめているのはぬいぐるみであっても、脳内で「素敵な彼」だと感じることで幸せホルモンも女性ホルモンも、もわもわ出てきます。脳は「今、私は素敵な彼に抱きついている」と錯覚し、エネルギー的にも「素敵な彼に抱きついている私」になります。

はい、やっていることは変態チックですが、これで本当に幸せな恋がやって来るなら安いものではないですか！　一人で過ごしているときぐらい、どんどん変態になりましょう。

これであなたは「愛されエネルギー」「溺愛エネルギー」に変わります。自分が今放っているエネルギーが、少し先の未来を創り出してくれますからね！

応用編2　「お金」の願いを実現させる妄想方法

まずは、「お金」をしっかり頭にインプットしましょう。積まれている札束、ゼロがいっぱいついている金額の通帳残高、ウン十万円と入っている財布の画像を眺めて（頭の中にイメージできる方は、イメージのみでも可）、「これは私のもの」と、にやにやしましょう。

ここで注意点があります！　まず、「お金」に対してネガティブな感情が強い方は、お金のことを精一杯好きになりましょう。

お金のおかげで、ご飯を食べ、服を着て、生きていくことができます。お金は汚いものでもなんでもありませんからね！「お金ありがとう！　お金のおかげで今私は生きていけるし、楽しいこともたくさん体験できてるよ！　もう大好き！　大好きすぎてつらい！　一生大事にするから覚悟してて！」ぐらいの熱い想いをお金に届けてあげてください。

「好き」のエネルギーに害のある副作用はありません。「好き」と感じながら意識を向けているものは脳がキャッチしてくれるので、自分自身がお金を呼び寄せる磁石になります。

ただ、「お金に関する何か」を引き寄せるだけでは意味がないのでしたね。さらに、「お金を持っている」「お金がある」という体験型妄想に変えていきましょう。

欲しいのはお金そのものというよりも、お金があることで手に入れる何かだったり、味わえる感情だったり、体験ですよね。

お金があったら、どんなものを買うか。どんなものを食べているか。どんな場所に行くか。どんな一日を過ごすか。これらをしっかり考え、妄想し、疑似体験することが大切です。

疑似体験であっても、脳は騙されてくれます。「私はお金がある」「なんでも買える」「なんでも体験できる」というエネルギーが、お金にまつわる現実を変え始めていってくれます。

「お金持ちならこういう所に行くのかな」と誰かの真似をしようとするのではなくて、「私ならこうする」「私ならこんなふうに過ごす」という自分だけのお金持ち生活を思い描いてください。

お金に関する実験はこのあともたくさん出てくるので、思い描くお金持ち生活を現実のものにしていきましょうね！　やればやるほど、あなたは「豊かエネルギー」を放ち始めます。

実験 02　妄想ボード

【難易度　★☆☆】

期間

1カ月。一度作ってしまえばしばらく使用可能。ただ、バージョンアップの必要はアリ

効果

「幸せエネルギー」「豊かエネルギー」「愛されエネルギー」に変わっていく
「自分が意識しているものを引き寄せるんだ」という確信が得られる
「自分が脳内で体感したことを、また現実でも体験できる」という自信を得る

やり方

写真などを使って願望を視覚に訴え、エネルギー化する

得られるもの

- 自分の望みを視覚化できる
- 自分の未来設計図

妄想ボードは「ビジョンボード」「ドリームマップ」「宝地図」など、様々な呼び方で呼ばれているものです。素晴らしいものはどんどんパクって……いえいえ実践していきましょうね！　とくに恋愛・お金の願いに効果があります。

ステップ1　材料集め

「願いを叶えた自分」が持っているであろうもの、行っているであろう場所、体験しているであろう場面の写真を集めます。たとえばこんなふうに。

■恋愛の願いなら……

・（可能ならば）好きな人の写真、好きな人をイメージ出来る写真、もしくは「こんな人と恋がしたい！」と思う人の写真
・素敵なカップルの写真（顔は隠れていてＯＫ）
・デートで行きたい場所の写真
・デートで着たい服の写真

・プレゼントしたいものの写真
・プレゼントされたいものの写真
・一緒に食べたいものの写真
・結婚式を挙げる場所の写真
・二人で一緒に暮らす家の写真

■お金の願いなら……

・「こんな家に住みたい」と思う家や部屋の写真
・自分が欲しいものの写真
・旅行したい場所の写真
・高級レストランの写真
・高級ホテルの写真
・ファーストクラスの写真

このように自分が「欲しい」「行きたい」と思うものや場所の写真に加えて、「高級！」「優雅！」と感じられるような写真も貼りましょう。

ステップ２　厚紙に貼る

もしくは、小さい写真をプリントして手帳にペタペタ貼ったり、Ａ４サイズの紙に貼って持ち歩きましょう。

プリントする環境がない……という方は、スマホで写真を集めてフォルダに入れたり、待ち受けにするのでもいいですよ！

ステップ３　写真の余白に望みを書き込んでいく

「好きなことをして月収１００万円！」

「毎年海外旅行に行く！」

「温泉にふやけるほど入る！」

「好きな人の笑顔に囲まれて幸せ！」

このように、今自分が持っている願いを遠慮なく書いていきましょう！

誰かに見せて添削してもらうわけではありません。恥ずかしがらず、心のままに書くことがポイントですよ。

ステップ4 1カ月間、毎日眺める

1カ月間は、毎日少なくとも3分は、出来上がった妄想ボードを眺めてにやにやしましょう。

「叶ったあと」の写真がふんだんに貼られている妄想ボードを見ている時間、あなたは「叶った白分」のエネルギーになっています。

バナナ実験と同じように、ただ眺めるだけというよりも、その写真のものを自分が手にしている、写真の場所に自分が行っている、体験しているという感覚を持ちながら眺めてくださいね。

この妄想ボードは、人のパクリ……いえ素晴らしい方法を真似させてもらっていますが、私はブログやメルマガで紹介しまくっています。

というのも、その効果が素晴らしいから。

私が初めて妄想ボードを作ったのは２０１６年です。まだ本も出ておらず、ブログのアクセスも少なかった時期です。

その頃に作った妄想ボードに書いたのは、こんなことです。

●「好きなことをして月収20万円！」↓叶いました
●「本を複数出版！」↓叶いました
●「ブログ1日１０００アクセス！」↓叶いました
●温泉旅館の写真↓温泉旅行に何度も行きました
●宮古島の写真↓行ってみたかったのが叶いました

ね！　ものすごい実現率なんです。

次に作ったのが２０１８年。

● 「好きなことをして月収50万円！」↓叶いました
● 「ブログ1日２００００アクセス！」↓叶いました
● 「アメブロのオフィシャルになる！」↓叶いました

やはり、次々と叶っています。
さらにその次に作ったのが２０２０年。

● 「月収１００万円以上！」↓叶ってます
● 「10冊目の本が出る！」↓まさにこの本が10冊目です！
● 「みんなで宮古島・石垣島に旅行」↓コロナのこともあり残念ながらまだ叶っていませんが、落ち着いたら絶対叶えられるはず！

これだけの高い実現率を持っている妄想ボード！　もう、作らない理由なんてないですよね！

ただ、２つほどポイントがあります。

まずひとつ。あまり深く考えずに、「これいいな！」と感じた写真をどんどん貼って欲しいのですが、「自分が本当に望んでいないもの」は叶わない可能性が高いようです。

大勢の人が集まって楽しそうに笑っている写真を見て「あら楽しそう」と思って妄想ボードに貼ってみても、本当はそんな華やかな場所よりも家でのんびり過ごすほうが好きなのであれば、その写真に対して脳のアンテナが働かなくなるんです。

私の2年前に作った妄想ボードには、海外の観光地やビーチの写真もたくさん貼ってありますが、何一つ叶っていません。写真を見て「素敵！」と思ったものの、今の私はそれほど海外旅行に心が惹かれていないんですね（将来的にはわかりませんが）。

海外の観光地よりも、私はブログのアクセスアップや月収アップのほうが、心からにやにやワクワクできたんです。すると、脳が「よし来た！」と働き出し、その望みを叶えるためのヒントを探し出してくれます。

とはいえ、妄想ボードを作る時に「これは本当の望みかしら？」と悩む必要はありません。

ふたつめのポイントとして、妄想ボードは一度作って終わりではなく、何年かに一度新しく作り直してみてください。

願いは、バージョンアップしていくものです。叶ったからもうそこで終わり、叶わなかったからやっぱりダメだ、と捉えてしまうのはあまりにもったいないですよ！

叶った部分については「これもこれも叶ってる！」と叶える経験値を上げていく。

叶わなかった部分については、「これは本当に望んでることではなかったかな？」と

見直してみてください。

写真を見て、心からワクワクできるか。望みを叶えて、自分や家族が喜んでいる姿をイメージできるか。そんなことを意識しながら、また新たに妄想ボードを作ってみましょう。

この妄想ボードが、そのままあなたの未来予定図になります。「叶わないかも」なんて思いは横に置いて、全力でワクワクしながら作ってくださいね！

実験 03 「私は○○を手に入れた!」ノート

【難易度　★☆☆】

期間

ひとまずは１カ月毎日。でも、ゆる〜くでもいいからずっと続けて欲しい習慣

効果

「幸せエネルギー」「豊かエネルギー」
・一瞬で幸せになれる
・毎日を「ある」で満たすことが出来る
・どんどん嬉しい出来事がやって来る！

得られるもの

● 幸せな気持ち
● 嬉しい出来事の無限ループ

やり方

その日、自分のもとにやって来たものを毎日ノートや手帳に書く。
「やって来たもの」というのは、以下のものです。
①お金
②品物や食べ物
③人からの優しさ、言葉
④嬉しかった出来事、爆笑した出来事
⑤幸せな時間
「私は○○を手に入れた！ノート」というタイトルにしていますが、書き方は自由！
「ご近所さんが笑顔で挨拶してくれた。朝から爽やかな気持ちになった」なんていう書き方でも大丈夫。

①お金

お金は、その日に得たお給料や臨時収入を書いていきましょう。
「金額を書くなんてなんだか生々しいな〜」と感じた方！
お金に対する邪魔な思い込みをぶち壊すチャンスですよ！
お金は汚いものではなく、幸せを運んでくれるもの。お金のおかげで、人は生きていくことができます。水が飲めるのも、ご飯が食べられるのも、好きなものを買えるのも、全部お金のおかげですよね。

自分のもとにやって来てくれたお金を盛大に歓迎する意味でも、「お給料20万円を手に入れた！」「図書カード５００円分ゲット！」などと、「嬉しい！」「ありがとう！」という思いを込めながら書きましょう。

ちなみにですが、私は「年収１０００万円以上！」と目標を掲げて、収入があるたびに「ふふふ……！　１０００万円に近付いてるわ！」とにやにやしながら手帳にメモしていました。するとめでたく、目標通りに年収１０００万円以上を達成することができたんです。

手帳に書くことで「お金が入って来る」「お金がある」というエネルギーになる。

それと同時に、望みを設定することで、目標地点であるゴールに向かうレールが出来上がります。

「私は会社員で収入が決まってるから無理……」と感じた方！　何が起きるかわからないのが人生です。メモするだけなんですから、まずはやってみましょう。お給料がアップしたり、臨時収入が入ってきたり、自分にピッタリ合った副業に出会えるなど、お金の流れがよくなる出来事が起きてくれますよ！

②品物や食べ物

人からもらったものや、おいしく食べたものを書いていきましょう。

ここでのポイントは、**いただきものはもちろん、「自分がお金を出して手に入れたもの」も書いていって欲しい！**　ということです。

買い物をしたときに、「お金がなくなった」と感じるか、「これを手に入れた！」と感じるかで、その後の金銭状況は大きく変わってきます。

お金を出して買ったということは、それが必要だったり、それが好きだと感じたからですよね？　それを、めでたく手に入れることができたんですから！

お金を出して手に入れたものや、受けたサービス、旅行などの体験も、しっかり書き留めていきましょう。

③人からの優しさ、言葉

もちろん、プライスレスのものも忘れてはいけません！

「コンビニの入り口で、女性が譲ってくれた」

「店員さんに売り場を尋ねたら、親切に教えてくれた」

「しばらく会ってない友達からメールが来た」

など、誰かにしてもらったこと、ありがたいなと感じたことを書いていきましょう。

旦那さんが働いてくれることや、配達員の方が荷物を届けてくれることを「当然」と思うこともできれば、「ありがたいな！」と幸せを感じることも出来ます。

幸せを感じる頻度が増えるほど、得をするのは自分自身。「この人のおかげ」「この人に助けてもらってる」「多くの人に支えてもらってる」と感じるほど、受け取り上手になっていきます。

幸せ上手は受け取り上手！ ますます、多くの人からの優しさや愛を受け取ることが出来ますよ。

④嬉しかった出来事、爆笑した出来事

「幸せ」とは結局、生きている間にどれだけ「嬉しい!!」「楽しい!!」と感じたかによります。その感情を味わう手段として、人はお金を求めたり、成功したいと願うのですね。

超お金持ちにならなくても、大きな何かを成し遂げなくても、幸せを感じることはできます。そうすると、あらあら不思議！　超お金持ちへのチケットや、成功者のチケットを手に入れたことになるんです！

また、「爆笑」も大きな幸せポイントのひとつです。

笑いって、すごいんです。心の底から笑うと免疫力も上がるそうですし、がん細胞をやっつけてくれるナチュラルキラー細胞も増えるそうですよ！

テレビに出てる芸人さんや、面白いユーチューバーさんの動画を見ながら、「人を笑わせるってすごい才能だなあ」と感激しながら、私はいつもケラケラ笑っています。
家族とも、いつもくだらないことを言ってはケラケラ笑っています。

お腹を抱えて笑ってるときって、無条件で幸せなんですよね。

だって、考えてみてくださいね。「お金持ちでイケメンの夫と暮らしてるけど、笑顔ひとつもない生活」と「それほど豊かではないしイケメンでもない夫だけど、家族みんなでケラケラ笑ってる生活」と、どちらが幸せそうだと思いますか？

まあ一番は「お金持ちでイケメンの夫と毎日ケラケラ笑ってる生活」かも知れませんけどね！

どうも気分がモヤモヤするときは、お笑いのＤＶＤを見たり、面白い動画を積極的に見て、笑いでストレスに打ち勝ちましょうね！

⑤幸せな時間

お金と同じくらい、いいえ、お金よりも大事なのが時間です。

「素敵な時間を過ごしたな」「幸せな時間だったな」と感じたことを、忘れないようにしっかり書いておきましょう。

「８時間たっぷり寝た」

「朝に飲んだお味噌汁がおいしかった」

「ひとりでゆっくり映画を観に行った」

などなど、自分が「幸せだったなー！」と感じたらそれで大丈夫。

さあ、これだけたくさん書くことがあれば、「今日は何も書くことがないなー」なんてことはないはずですね！

私も、引き寄せの存在を知って最初に始めたのが、この「私は○○を手に入れた！」ノートです。

初めて書いた２０１６年のノートには、

- 「バスも電車も時間どおりに来てくれた」
- 「引き出しの整理をしていたら、５００円のギフトカード発見！」
- 「ライブのチケットで5列目のど真ん中ゲット！」
- 「ランチバイキングでサラダをたっぷり、コーンスープもおかわりした」
- 「お日様が当たる布団の上でゴロゴロしてたら気持ちよくなって、家族みんなでお昼寝した」

●「夫が新聞紙のゴミを出してくれた」
●「コオロギさんが鳴いてるね！　と娘が教えてくれた」

と、普段の何気ない幸せが書いてあります。

そして、その内容はだんだんと「ブログアクセス1日10000突破！」「本の出版が決まった！」「月収100万円達成！」など、仕事やお金に関する幸せも増え、スケールも大きくなっています。

もちろん、多くの願いを叶えた今でも、「娘がおやつにかぶりついている横顔が可愛い！」「100均で思ってたとおりの写真スタンドを発見！」「本を5冊も買ってきた。読むのが楽しみー！」と、大きな出来事だけじゃなく日々の幸せもしっかり書き続けています。

「幸せになる」には、「幸せに気づく」ことだけでいいんです。

同じように過ぎていく毎日の中で、何もなく過ぎていった一日のことを「退屈でつまらない」と感じるか、何もなかったことを「幸せ」と感じるか。

空気が吸えることに毎秒感謝している人はいないでしょうが、私は歯の治療中、口を開けっ放しでフガフガしていたときに、「ああ、普通に呼吸できるってめちゃくちゃ幸せなんだな」と感じましたよ！

いつもいつも義務のように「生きている」「呼吸が出来る」ということに幸せを感じなきゃいけないということじゃなくて、ときどきふっと「あ、これって幸せじゃない？」と気付いてみる。宝探しゲームのように、嬉しかった出来事や、日々の生活に隠れている幸せを拾ってあげて欲しいのです。

この「私は○○を手に入れた！」ノートを続けることで、「私はこんなにたくさんのものを手に入れてるんだ、持ってるんだ」と、「ない、ない」の不足感ではなく「ある」のエネルギーで満たすことができます。

自分を「ある」で満たしたら、ご褒美のようにますます「ある」現実がやって来ます。

それは豊かさだったり、優しさだったり、自由だったり。

こうしてあなたの幸せレベルはどんどんアップしていきます。楽しみながら続けてみてくださいね。

実験 04

「自分目線vs他者目線」妄想比較実験

【難易度　★★☆】

期間

１カ月。実験終了後は自分がやりやすい方の妄想を永続的に続けましょう！

効果

「叶うかも・できるかもエネルギー」

- 「ちゃんと妄想しなきゃ」という思いから解き放たれる
- 「どんな妄想でも叶う」という可能性に気付ける

得られるもの

- 「なんとなくの妄想でも叶う」という自信
- 妄想スキルの向上

やり方

今回の実験は、「行きたい場所」にしてみましょう！
今、あなたが行きたい場所を２カ所思い浮かべてください。
自分の妄想スキルに自信を持つための実験なので、簡単に行けそうな場所がおすすめです。

「他者目線妄想」とは?

前から行きたいなと思っていた緑豊かな公園、コーヒーが美味しいと評判のカフェ、普段行かないけど気になっていたショッピングモール……など、「行き慣れた場所ではないけど行ってみたい。ちょっと頑張れば行ける」レベルの場所がいいですね！

1カ所は、自分目線で妄想してみます。

もう1カ所は、他者目線での妄想をしてみてください。

自分目線と他者目線の妄想を両方やってみるのがポイントです。

これまで、私はずっと「妄想は自分目線でしてください」と書いてきました。

ですので、「ええっ!?　他者目線の妄想もするの!?」と驚かれた方もいるかも知れません。

私が「妄想は自分目線で」と書いてきたのは、他者目線の妄想だとやはり他人事になってしまい、自分ごととして捉えられない恐れがあったからです。

でも、今はスマホなどで、誰もが簡単に日常の写真や動画を撮れるようになりましたよね。その写真や動画を見てる感覚で、他者目線の妄想を「自分が実際に体験した動画を（自分が）見てる」というふうに頭の中で思い描いたら叶うのでは？」という考えになってきています。

自分目線の妄想に、自分は登場しません。脳内に映し出すのは風景や、自分以外の誰かの姿です。ＶＲ（バーチャルリアリティ）のように、『自分が今、体験している』という感覚です。

他者目線の妄想は、自分が登場します。『自分自身も含めた場面を見ている』という感覚です。

そうは言っても、「映像を見る」ということにこだわる必要はありません。

妄想は「見る」だけではなく、「聞こえる」「香りを感じる」「触る」「食べる」という五感全てを通して「体験している」と感じて欲しいものだからです。

自分目線妄想

他者目線妄想

バナナ実験の時に、一番バナナを思い出しやすい感覚は何だったでしょうか？

バナナそのものを思い浮かべるのが得意だった人は視覚、バナナの香りだったら嗅覚、バナナの手触りだったら触覚、バナナの味だったら味覚ですね。

今回の実験でも、そうした五感をフル活用しながら妄想してみましょう。

視覚が得意↓行きたい場所の風景、お店なら店内のレイアウト、他のお客さんの姿、同行者がいるなら同行者の顔も思い浮かべる

聴覚が得意↓風の音、水辺なら水が流れる音、鳥の鳴き声、店員さんや同行者との会話、店内でかかっているＢＧＭなど

嗅覚が得意↓その場所で感じるであろう香り。澄んだ空気の香り、コーヒーの香ばしい香り、その場所に行く時に自分がつけたい香水の香りなど

触覚が得意↓自然が多い場所なら木や花に触れている感触、飲食店なら椅子に座った感触やカップを持った感触など

味覚が得意↓公園ならおにぎりや焼きそば、飲食店ならその場で出される食事など

視覚が得意な人以外は、自分目線妄想も他者目線妄想も、内容はそれほど変わりません。

極端に言えば、何も見えていなくても「聴覚」や「触覚」などを活用し、自分が体験していると感じたら、それだけで妄想は大成功です。

自分目線or他者目線どころか、「何も見ていない」という状態でも妄想が現実化する可能性は大アリなんです。無限のポテンシャルを持つあなたの妄想スキルを開花させる大チャンスですよ！

しゃぶしゃぶ&焼肉実験　ダブル目線で妄想してみると……

私も今までは自分目線のみの妄想でしたが、「他者目線でも叶うのでは？」という疑問を持ち始めてからは、自分でも自分目線と他者目線両方の妄想実験をしてみました。

まず初めは「焼き肉」と「しゃぶしゃぶ」の実験。

私はどちらかと言えばしゃぶしゃぶよりも焼き肉のほうが好きで、行く機会も多かったので、ここはあえて、自分目線でしゃぶしゃぶを食べている妄想を、他者目線で焼き肉を食べている妄想をしてみたのです。

しゃぶしゃぶを一緒に食べている家族の姿と、「おいしいねー！」と会話している声。そこに自分の姿はありません。

一方の焼き肉妄想は、食べたり会話したりしている自分自身も映っている写真や動画を見ている感覚。

この両方の妄想をしてみました。

どちらの妄想も、会話や食べ物の香り、味を感じているという点では同じです。ちがうのは、頭に思い浮かべる映像の中に自分が映っているかいないかということだけ。

数カ月間この妄想実験をしてみたところ、現実にしゃぶしゃぶを食べた回数は３回、焼き肉は１回でした。

やはり私の場合は、自分目線の妄想のほうが「今、体験している」という感覚を得られるために、実験を始めてから急にしゃぶしゃぶを食べる機会が増えたのかも知れません。

何目線でも共通のポイント

また、こんな実験もしてみました。

自分目線でちょっぴり遠くの温泉旅館に泊まりに行った妄想、他者目線で近場のテーマパークに行った妄想をしてみました。

自分目線妄想では「今、自分が温泉旅館にいる」「今、体験している」という感覚で妄想。他者目線では、写真や動画を見ている感覚で「楽しかったなあ」と過去に体験したものを見ている感覚です。

それに加えて、温泉旅館とテーマパークの写真を見ながら、「ここに行くんだ」とワクワクしてみる。

そんなことを繰り返していたら、先に現実化したのは他者目線のテーマパーク。そしてその1カ月後に、自分目線の温泉旅館も実現しました。

この実験を踏まえてみると、「自分目線でも他者目線でも叶う」という結論になりますが、やはりリアルに「自分が体験している」という臨場感を感じられるのは自分目線の妄想です。

特に恋愛妄想については、自分目線で妄想をして「自分の目の前に好きな人がいる」「私は今、彼に抱きしめられている」と感じる方が、素直に心と身体が反応してくれる。やはり妄想は、他人ごとではなく、自分ごととして捉えることが重要ですからね。

ですが、どうしても妄想が他者目線になってしまう……という方は「自分目線で妄想しなきゃ」とこだわりすぎず、「どんな妄想でも叶うわ」と気楽に構えてみてください。

頭で考えず、妄想は心と身体で感じる！　自分目線と他者目線の妄想を両方楽しむことで、その感覚を解放してみてください。

どちら目線の妄想であっても「今、体験している」「過去に体験した。楽しかったなあ」という感覚を持つことで、それはスルスルと現実化に向かってくれますよ！

実験 05 「毎晩10人にありがとう」実験

【難易度　★☆☆】

期間

集中的に1週間。「やらなきゃ」と義務的になったら、すっぱりやめてしまう

効果

「幸せエネルギー」
- 「そういえば今日もこんないいことがあったな」と、心が感謝のエネルギーに満たされる
- 寝る前にネガティブなことを考えなくなる

得られるもの

- あたたかい気持ち
- 気持ちよく眠れるので美容と健康にバッチリ！

やり方

夜寝る前に10人の顔を思い浮かべ、一人ずつ順番に心の中で「ありがとう」と言っていく。最後に自分自身に「ありがとう」も忘れずに！

1週間後、宝くじのアタリが2つも

10人というのは、誰でも構いません。

私がよく「ありがとう」と言っていたのは、夫、子供、父親、母親、祖父母、私が引き寄せの存在を知ることになったきっかけである奥平亜美衣さん、今までお世話になっている編集者さん、イラストレーターさん、出版社関係の人々、自分と夫の親戚一同、友人、ママ友さん……

とても10人では足りず、あっという間に20人、30人を超えてしまいます。

一人ひとりの顔を思い浮かべて「ありがとう」と言いながら眠りに落ちる……ということもしょっちゅうです。でも、それも良し！

身近な人だけではなく、好きなタレント、作家さん、YouTuber、よく行くお店の店員さん、お世話になった先生、元彼……なんかもアリですよ！　深く考えず、誰かの顔がふわっと浮かんだら、「ありがとう」と伝えていきましょう。

そして、最後は自分にも「ありがとう」と言うのを忘れないでくださいね！　自分の中の自分が大喜びしてくれますから！

なにげなく始めたこの習慣ですが、始めて1週間ほどで、1日で2つの宝くじに当たりました。ひとつはスクラッチくじ、ひとつはロト6。

さらに、1年以上前に出た著書の重版が決まったとの嬉しいお知らせも届きました。

それだけではありません。

店員さんが親切だったり、道を歩いていると小さい子が満面の笑顔で話しかけてくれたり、自分の世界の優しさが増しちゃうんです。「優しい世界度」「この世界は美しい度」がアップしちゃうんですね！

ですが、ちょっと待ってください。私は真性の妄想族なんでした。

寝る前に10人以上に「ありがとう」と言っていると、妄想をする間もなく眠ってしまいます。これは一大事です。

というわけで、しばらくこの「10人にありがとう」はやめて、再び寝る前は必ず幸せな妄想に包まれながら眠っていました。

しばらくして「10人にありがとう」を再開してみたところ、また2週間の間に2回、宝くじに当たったのです。

私はお金持ちになっている妄想も日々楽しんでいるので、宝くじ当選という嬉しい出来事は、妄想の効果なのか「10人にありがとう」の効果なのかはわからないところですが、私はこのように考えています。

毎晩10人に「ありがとう」と言っているから良いことが起きるのではなくて、誰かに「ありがとう」と言いたくなるということは、もともと自分のエネルギーが感謝に溢れ、高まっている時期だということ。その結果として、さらに「ありがとう」と言いたくなるような素敵な出来事が起きてくれるのです。

寝る前の妄想がいちばん潜在意識に届く

誰かに「ありがとう」を伝えたい気分が高まっているときは、この「10人にありがとう」を。「そうでもないな」というときは、幸せな妄想をしてください。

やはり私の体験上、**寝る前の妄想は本当に効きます**。では、めちゃくちゃ眠い！

でも妄想もしたいし、「ありがとう」も伝えたい！　という場合。

そんなときは妄想優先です。妄想しながら寝てください。

じゃあ、まだそんなに眠くなくて、妄想も「ありがとう」も言いたい場合。

「ありがとう」をみんなに言ってから、妄想してください。「ああもう眠い……落ちる……」という時の妄想が、一番潜在意識に届いてくれますから。

妄想する気分でもない、妄想できないという時は「ありがとう」でいきましょう！

たとえそこに感情がこもっていなくても、「ありがとう」と繰り返している時間は思考が止まっています。

その日あったいやなことや、心配事を考えているよりは、何も考えずに「ありがとう」と繰り返しているほうが、ネガティブ感情から離れることができます。

ネガティブ感情は決して悪いものではありませんが、そこに浸り続ける必要もありません。

考えたくないのに、どうしても思考がネガティブな方向に向いてしまう……！　というときは、ぜひこの「10人にありがとう」をやってみてくださいね。

「ありがとう」の思いに副作用はありません。寝る前に1分あればできる「10人にあ

りがとう」実験！

ぜひ始めてみて、心がほわっとあたたかくなる感覚を得ながら眠ってくださいね。

「世界は優しいな」と感じるような出来事が起きたり、豊かさが舞い込んできたり、「なんだか最近体の調子がいいな」とエネルギーが軽やかになるなど、嬉しい効能があるはずですよ！

実験06 6億円画像を毎日見る

【難易度　★☆☆】

期間

1カ月間、毎日

効果

「豊かエネルギー」
- お金持ち気分になって、にやにやできる
- 現実に振り回されなくなる
- 「今の現実」を超えた「望む未来」を覗くことができる

得られるもの

- エネルギーが「ない」から「ある」に変わる
- お金があるというワクワク感、幸福感、安心感を得られる

やり方

まず、大金が入金された通帳画像を入手しましょう。私は「6億円」という金額に一番ドキドキするので6億円ですが、金額は「1億円」でも「1000万円」でも「100億円」でも構いません。

フリー素材サイトなどで検索すると、さまざまな通帳画像を入手できます。

自分の心が一番ワクワクする金額を選んでくださいね。

画像の準備ができたら、1カ月間毎日、6億円など大金が記帳されている通帳画像を何度も見る。これだけです。

とても簡単ですが、1カ月間続けられる人はなかなか少ない、そんな実験です。

見る回数は1日に何回でもいいし、見る時間も、何秒でも何分でも大丈夫。

ただ、頭がぼーっとしている「朝、目が覚めた瞬間」や「夜、寝る直前」は、ぜひ画像を眺めてくださいね！

そして、いちばん大事なポイントが、**通帳画像を見ながら「これは私のものだ」と感じる！**

6億円画像を「他人ごと」として捉えるのではなく、「自分ごと」として捉える。

6億円画像を何度も見るのは、

お金が「ある」

豊かさが「ある」

というエネルギーになることが目的です。

「お金がない」と感じていると、ない現実がこれからも繰り返されていきます。

6億円画像を見ながら、

「あれを買おう」

「あそこに行こう」

「こんなことをしよう」

「家を建てよう」

「あの人にプレゼントしよう」

という気分になったら、さらにいいですね！

このような感情を毎回伴うのも大変なので、5回に1回は感情を伴い、5回に4回は「ただ眺めるだけ」でも大丈夫。


ただ、金額が大きいほどそれをリアルに感じられないこともあります。

「こうなったらいいな」とは思いつつも、「超お金持ちの自分」や「宝くじ高額当選」を非現実に感じてしまう部分もありますよね。

そんなときはぜひ、実際に宝くじに当選した人や、お金持ちの話を聞いてみましょう。

「超お金持ち」や「宝くじ高額当選者」はおとぎ話でもファンタジーでもなく、実在しています。

私は超人気作家さんや宝くじ高額当選者のYouTube動画を見るのが好きで、よく見ています。そうすると、「こんな生活をしてるのか」「こんな家に住んでるんだ」などと、身近に感じることができます。特に、作家さんの書斎や、宝くじ高額当選者のお宅拝見ルームツアーなんて大好物です。

宝くじ高額当選者も、超お金持ちも、この世には確実に存在しています。あとは、自分がそうなってしまえばいいだけ！

「私」が超お金持ちだったらどうするか。

「私」が6億円を持っていたら、どうするか。

これをリアルに感じなければいけません。「超お金持ち」も「6億円」も人ごとに感じている限り、自分の世界で起きてくれない出来事になってしまいますからね！

自分が超お金持ちになることに、罪悪感を覚える必要もありません。

自分の努力でお金持ちになった人もいれば、突然の幸運を手にして億万長者になっ

オホホホホホ
金額
手数料
カード
カード
0000000
残高(円
600000000
フフフ…!

た人もいます。
どちらの方法でお金持ちになるかは、自分が選んでいいんです。
この6億円画像実験を行った読者様からの報告をご紹介しますね。

◆昨日6億円の通帳記帳の画像を取り込み、何度か見ました。
そして今日、最近行ってなかった通帳記入に行ったら…
アレ？　残高が思ったよりありビックリ!!
細かく計算はしてなかったのですが、計算したよりかなり多い。
私の計算間違いと済ますことも出来ますがそんなはずは…
でも、すごくラッキーなので深く考えないことにします。スキップしたい気分です♪
これからも画像見続けます。ありがとうございました。

◆ロト6が、1000円、当たりました!!
かずみんさんのお金のメルマガを、購読し始めて、10日ぐらい経ちました。

そして通帳画像をホーム画面に設定して、毎日眺めてにやにや過ごしてました。

数日前、なんとなく、「今、ロト6買ったら当たる」とふと思い、買ってみたら、みごとに1000円当たりました！

ここ2～3年、1000円すら当たったことがなかったから、ビックリです!!

◆

さっそく私も6億円の画像と札束の画像を待受にしていつも眺めています。

そうしたら、聞いて下さい！　年末ジャンボが5万円当たりました!!　しかも10枚で。

すごく嬉しかったです!!　私がやっていたことは、かずみんさんの本を読んだり、引き寄せ手帳に書いたり、財布に「お金がどんどん入ってきます」というメモを入れていました！

今後も6億円の画像を見続けます！


このように嬉しいご報告が多数届きましたが、6億円画像実験と同時進行で始めたのが次の短期実験です。

実験 07

「48時間以内に、お金が入ってくる」

【難易度　★★☆】

期間

48 時間

効果

実験 6 と同様

得られるもの

実験 6 と同様

やり方

今から 48 時間以内に、「お金が入ってくる」と設定しちゃいましょう。

設定方法は簡単。

「48 時間以内にお金が入ってくる」と今！　たった今！　頭の中で繰り返しましょう。

可能な方は、今すぐ手帳やノートに「48 時間以内にお金が入ってくる」と書くのもいいですね。

「なぜかお金が入ってきた！」不思議体験が続々と

そして、「お金が入って来た時」にタイムワープするつもりで、「お金が入って来た私」の喜びを今体感してみてください。

「やったあ！」と喜んでる感じ。

「本当に入って来た！」とびっくりしてる感じ。

嬉しい&びっくりの感情を、今先取りしてくださいね。

「でも、どうやって入ってくるの？」「お金が入ってくるわけない」「無理っぽいな〜」という思考が出て来たら「知らん！」と一掃してしまいましょう。

「なんでかは知らないけど、お金が入ってくるんだって〜」と、「お金が入ってくることが当然」という気持ちで過ごしてみてください。

この実験をしてくれた読者様のご報告がこちら。

◆6億円の残高の通帳の待ち受け、そして、先日は48時間後に入金があると呟いていました。

48時間以内には無理でしたが、今日、入金がありました！　まず30万、合計で、100万が近いうちに入ってくることになったんです！

詳しい内容は長くなるし、お伝えしにくい事なんですが、ちょっと諦めかけていた事で、しかもこんなに沢山入金があるなんて思ってもいなかったので、不思議です。

自分が考えてもいなかった事から入金があるんですね！　本当に嬉しいです。

かずみんさんありがとうございます。

◆

先日の「48時間以内にお金が入ってくる」実験には、4回挑戦してみました。

(おきて破り?)

3回目と4回目の空白時間に、ミニロトで1000円当選しました〜。やったー!!

高額当選への第1歩だと喜んでいます！

このように、嬉しい実験結果報告をたくさんいただきました！

お金そのものや、宝くじ当選以外にも「いただきものが増えた」「懸賞で当たるようになった」「フリマサイトで数カ月出していた品物が売れた」など、お金にまつわる嬉しい出来事が多くの方に起きているようです。

手軽にできるのに効果バツグンのこの実験、やらない理由はありません！　あなたも通帳残高6億円への道を着実に歩み始めてくださいね！

実験 08 「30万円もどき」を財布に入れる

【難易度　★★☆】

期間

１カ月と決めず、ずーっとでOK

効果

実験６と同様

得られるもの

実験６と同様

やり方

本物の１万円札を30万円分、お財布に入れられる方は入れてください。

「30万円分はちょっと……」という方は、「もどき」の１万円札でも大丈夫！

ただ、新聞紙で作ってもOKと書かれている書籍を読んだことがありますが、新聞紙だと明らかに本物のお札と色が違うので、脳が「これは新聞紙だ」と察知してしまう可能性があります。

１万円札と紙質や色を似せたメモ帳もネットショップやバラエティショップに売っているので、本物っぽさを追求することをおすすめします。

錯覚と勘違いがもたらす、すごいエネルギー

私は以前、財布に１００万円もどきを入れていたことがありました。

ですが、１００万円入る財布であっても、本物のお札を出そうとする時に引っかかる。

それを見た店員さんがギョッとした顔をすることがあるので、近所のスーパーに行くのをためらうようになる……ということが起きました。

そこで、いろいろ試行錯誤してみた結果、一番落ち着くのがこの「30万円」だったんです。

本物のお金でなくても、財布を開くたびに、「お金がいっぱい入ってる」と脳を錯覚させることができる。店員さんに「ギョッ」まではいかなくとも、「おお！」という反応をされることもある。

「本物のお金じゃないと意味がない」と思われるかも知れませんが、ここまで読んでくださってる皆様なら「錯覚」「勘違い」のすごさをわかっていただけるはずですよね！

錯覚でも、勘違いでも、自分が「そうだ」と思えばそのとおりのエネルギーに変化

していきます。

もどきの1万円札でも、自分が「お金だ」と思えば、お金が「ある」エネルギーになります。

もどきの1万円札でも、それを見た店員さんが「わお！　この人お金持ちじゃない？」と感じたら、「私はお金持ち」のエネルギーに変わってくれるんです。

もどきの30万円を持ち歩くことで、それが本物ではないとしても、30万円の重みをリアルに感じることだってできます。


すごくバカバカしいと感じながら、それをやらない人。

すごくバカバカしいと感じながら、それをやってみたらハマってしまうのではなく、逆に冷めてしまう人。

すごくバカバカしいと感じながらも、それを楽しみながらやれる人。

いろんな方がいると思いますが、実験をやってみて冷めてしまう、冷静になってしまうという方が悪いわけではありません。そういう方は、合っている別の実験があるはず！　自分に合ったものを探してみてくださいね。

楽しめる人は、どこまででも楽しんでしまいましょう！

何が正解で何が不正解かを探すものではなく、自分が楽しめたらそれでＯＫなんです。

実験を楽しむ気持ちが、豊かな毎日を連れて来てくれますよ！　お財布の中の30万円もどきが、本物の30万円になるのももうすぐですね！

実験09　いつもの5倍、お金を使う

【難易度　★★☆】

期間

ずーっと続けてOK！　長く続けるほど、自分のコンフォートゾーンが広がります。

効果

実験6と同様

得られるもの

実験6と同様

やり方

たとえば、いつも200円のコーヒーを飲んでいるなら、1000円のコーヒーを飲みに行く。

普段100グラム100円のお肉を買っているなら、100グラム500円のお肉を買う。

普段のランチが500円なら、2500円のランチを食べに行く。

5000円の服を着ているなら、2万5千円の服を買う。

1泊1万円のホテルに泊まることが多いなら、1泊5万円のホテルに泊まる。

選択肢を増やせば、豊かな現実がやって来る！

これには、自分のコンフォートゾーンを広げる効果があります。

人は、無意識のうちに自分にとって一番居心地がいい場所を作ります。

それは自宅だったり、よく行く場所だったり、買うものや食べるものだったり、お金の使い方だってそう。

清潔な部屋を保っている人は、部屋が汚れると不快感を感じてしまうものですが、汚れた部屋に慣れてしまって、ゴミ屋敷状態になっても平気な人もいますよね。

それは、たとえ望んでいない状態であっても、だんだんと人は慣れていってしまうからです。

借金がある状態に慣れてしまうのも、カード払いでリボ地獄に陥ってしまうのも、良くない状況に居心地の良さを感じてしまっているから。

望んでいない場所に居続けるんじゃなくて、望む方にコンフォートゾーンを広げましょう！

というわけで、簡単にできるのがこの「5倍のお金」法。

何も、いきなり全てを5倍の金額に跳ね上げる必要はありません。

まずは一杯のコーヒーから始めても大丈夫。

と言っても、２００円のコーヒーがダメだというわけではありません。２００円のコーヒーも好き、そして１０００円のコーヒーも好き、というふうに、自分の選択肢を広げていく。

２００円のコーヒーが飲みたいときは２００円のコーヒーを、１０００円のコーヒーが飲みたいときは１０００円のコーヒーが飲める自由と幸せを感じて欲しいのです。

ちょっぴり格式高い喫茶店や、ホテルのラウンジに行って、１０００円のコーヒーを味わってみましょう。

最初はきっと、その雰囲気や味に落ち着けなくてお尻がムズムズするはず。

でも、今までのあなたの選択肢が２００円のコーヒーオンリーだったために、落ち着かなくて当然なんです。

何度も１０００円のコーヒーを味わいに行きましょう。すると、だんだん慣れてきます。1000円のコーヒーを出してくれる場所にも、1000円のコーヒーの味にも。


服だって、そう。

ずっと5000円の服に慣れていたら、2万円以上の服を着た時に「やばいやばい！　絶対汚せない！　ミートソースを飛ばせない！」と緊張してしまうものです。が、何度も着ているうちに慣れていくもの。汚れたらクリーニングに出せばいいし、買えるだけの豊かさもきっとやって来ますから！

最初はビクビクするかも知れないけど、質の良い素材の服を着て、その肌触りの良さにうっとりしましょう。


何でも金額が高ければいいというわけではありませんが、高いお肉は柔らかく、高いホテルは良いサービスを提供してくれるものです。

その、今までとはちょっぴり違う世界を体験し、「高級」「上質」「優雅」な世界も自分のコンフォートゾーンに取り込んでしまいましょう。

質の良いものに触れると、姿勢も、表情も、ピシッと引き締まるものです。こうしてあなたが豊かなエネルギーをまとうようになると、豊かな現実がやってきます。

場違いだと感じても、背伸びでもいいじゃないですか！

少し話はそれますが、私も初めて出版社さんのもとに打ち合わせに伺った際、ビルの大群とスーツで行き交う人々に恐怖しか感じませんでしたが、「私は人気作家よ！」という顔で、外面だけは堂々と振る舞いました。内面はブルブル震えてましたけどね！

もう一度繰り返しますが、「金額が高けりゃいい」ということを言いたいわけではなくて、手にして欲しいのは「選択肢が増える幸せ」です。

金額に左右されず、その時自分が一番幸せを感じるものを選べる喜び。

それを叶えてくれるのがお金です。

はじめは数百円、数千円の出費でもドキドキするかも知れませんが、えいっ！と一歩踏み出して、自分の世界を広げてください。

きっとそこに待っている世界は恐怖ではなく、よりあなたの心を豊かに、幸せにしてくれる世界ですよ！

実験 10 明日、100円のものがやってくる

【難易度　★★☆】

期間

1日。でも、何度やってもＯＫ！

効果

実験6と同様

得られるもの

実験6と同様

やり方

「明日、100円のものがやってくる」と心の中で決める。
次の日に100円相当のものが自分のもとにやって来たら、実験成功！　です。
その次は500円、1000円……と、金額を上げていきましょう。

必死にやらないこと

ひとつだけ注意点があります。

「明日100円のものがやってくる、明日100円のものがやってくる……！」と1日に何度も繰り返してしまうと、逆効果になってしまう恐れがあります。

「明日100円のものがやってくる（でも来ないかも知れないから頑張らないと！）、明日100円のものがやってくる（やって来ない気がするから何度もやらないと！）」と、やればやるほど「来ない」に意識が向いてしまうことがあるのですね。

引き寄せ実験をするときに、「必死感」は必要ありません。とにかく、リラックス。「やって来ないかも知れないけど、本当にやって来たら面白いなあ♪」ぐらいの気持ちで、楽しんでみてください。

これらの実験は「絶対成功しなきゃいけないもの」ではなく、自分に合っている引き寄せ方法、潜在意識の書き換え方法を見つけるためのものですからね！

この実験で意識して欲しいのは、「引き寄せるために頑張っている自分になる」のではなく、「引き寄せたあとの自分になる」ということです。

実際に100円のものがやって来て「本当にやって来た！」と喜んでいる自分。

「あら、できちゃったよ」と当たり前のように成功を受け入れている自分です。

リラックスしながら、お金がやって来た喜びを感じてくださいね。


私も、この実験を数回やってみました。

まずは、100円の実験。

すると次の日、夫がおやつにドーナツを買って来てくれました。ちょうど、1個が100円ぐらいのものですね！


数日空けて、次は「明日、300円のものがやって来る」と実験してみました。

次の日、特に何もなし！　でした。

「お金はいろんなところからやって来る！」と思いましょう

次は「明日、1000円のものがやって来る」で実験です。

すると、翌朝銀行から入金通知が届き、電子書籍の売上ウン万円が振り込まれていたようです。

電子書籍の収入がいつ振り込まれるかは、出版社さんによってバラバラなので、私も把握していません。忘れた頃にこうして入金があるので嬉しいですね！　夢の印税生活！

次は5000円です。

こちらも残念ながら、何もありませんでした。

次は1万円です。

寝る前に「明日1万円が入ってくるな～。楽しみだな～うふふ！」とニヤつきながら寝る感じ。

すると翌日、もともと申請していたコロナ関係の支援金が振り込まれていました。

もちろん、金額は1万円を軽く超えています。いつ振り込まれるか、はっきりとした日時はわかっていませんでした。

私の実験結果を見て、「私は一人暮らしだし、今は出社もしていないし、不意に入ってくる収入もないし、この実験は成功しそうにない」と感じた方もいるはずです。

でも、それがやらない理由にはなりませんよ！　だって、ただ心の中で「明日１００円が入ってくる」って思うだけなんですから！

ものは試しに、やってみましょう。

ふと、仕事中に同僚がガムをくれるかも知れない。コンビニのくじ引きで当たるかも知れない。自販機でジュースを買ったら、1本当たるかも知れない。ずっと欲しかったバッグが５０００円引きで売られているかも知れない。

これらも全部「○○円相当のものがやって来た」ということになります。

リラックスしてこの実験をしながら、ふと気になった情報をキャッチしてください。
「あそこに行きたい」と思ったら、行く。「あれってなんだっけ？」と思ったら、あれを調べる。「久しぶりに○○ちゃんに連絡してみようかな」と思ったら、○○ちゃんにメールする。

そういった行動の連続が、「お金が入ってくる」という豊かチャンネルに自分が合っていくことになります。

もし、本当にお金が入ってきたら。何度かに1回は成功したら、面白いですよね！

この実験を通して、「私の収入はお給料だけ」「旦那さんの給料だけ」というガチガチに固まった思い込みは捨てて、「何もしなくてもお金が入ってきてもいい」「お給料以外にも、いろんなものを受け取っていい」「私のもとにはたくさんいいものがやって来る！」という設定に変えていきましょう。

どんなものがやって来るか、楽しみですね！

実験 11 本気でトイレ掃除

【難易度　★☆☆】

期間

期間限定でやる理由はなし！　ずーっと続けましょう！

効果

実験６と同様

得られるもの

実験６と同様

やり方

毎日、全力でトイレを掃除する！ それだけです！

「うふふ」の気分でするのがコツ

毎日、トイレを掃除するだけ？　でも、ちょっと待ってくださいね。

トイレ掃除なら、ほとんどの人が毎日やっています。でも、みんながみんな金運に恵まれたり、お金持ちになるわけじゃないですよね。

それは、トイレ掃除がただの作業になってしまっているからです。

ここはひとつ、せっかくトイレ掃除をするなら「ふふふ！　これできっといいことがある！」「金運がアップしちゃうな！」「こんなにトイレを大事にしたら、お金が入ってくるな！」と、下心満載でトイレを綺麗にしてみましょう。

「いいことがあるような気がする」「お金が入ってくる気がする」と思うのに、根拠なんてなくていいんですよ！

根拠がなくても「うふふ！　楽しみだなあ～」とワクワクする思いが、そのとおりの現実を呼び寄せてくれます。

実際、トイレを掃除してトイレがきれいになると、自分のエネルギーが高まります。

イシシシ‥

トイレはもともと、汚れたままにしておくと悪いエネルギーがたまりやすい場所です。エネルギーが下がってしまうと、それに応じて金運も下がってしまうもの。トイレが汚れているせいでお金に嫌われてしまうなんて、もったいないですよね⁉

そうは言っても、何事もそれが義務になってしまうと、逆効果です。忙しい方は無理せず、1日に1回はサッとトイレを磨いてピカピカを保つだけで十分。そして、1週間に1回は徹底的に掃除をしてくださいね。

また、トイレにお気に入りの絵や写真を飾ったり、可愛い小物を置くのも大賛成です。スリッパをゴージャスにするのもいいですね！

もちろん、これだけで金運がアップするかと言われると、そんな効果はないかも知れません。大事なのは、1日に何度か使用する自宅のトイレに入るたびに「うふふ」とごきげんな気分になること。その都度、エネルギーを高めることです。

トイレに行きたいときに行けない辛さは地獄ですからね！　私はいつも、トイレに入るときは「ゆっくりトイレに入れるー！　ありがとうトイレ！」とトイレに行ける喜びを感じながら入っていますよ！

感謝を込めたトイレ掃除で９００万円!!

こんなお話をメルマガでしていたら、ある読者さんからメッセージをいただきました。

その読者さんは、実験３で紹介した「私は○○を手に入れた！」ノートと、このトイレ掃除をやってくれていたそうなんです。

すると、なんと９００万円が入ってくるというお話が!!

その嬉しいご報告が、こちらです。

◆数年前から感謝日記は書いていたのですが、その日に得たものへ焦点を当てるということは特にしておりませんでした。
それで、先月より１ヶ月間ですが、その実験をしてみました。
また、トイレ掃除なのですが、これも、もう10年近く毎朝ルーティンで行っておりましたが、このメルマガを読み終えた後に、気合いと心を入れ直し、一層感謝を込めて文句も言わず、黙々と行うようにしておりました。

そうしたら、なんと先日。

財産分与で将来的に９００万円を相続するお話が飛び込んできたのです。

そのお話を頂いた時、真っ先に思い浮かんだのが、かずみんさんの〝得たものノート〟と〝気合を入れ直して感謝しながら行うトイレ掃除〟のことでした。

やはり、何かを得たい時には、得たいことそのものに焦点を当てることの大切さと、何か良いことを実践するに当たっても、ただルーティンでするのではなく、心を込めて感謝して行うことの大切さに改めて気付かされました。

もちろんルーティンで淡々と行うのも悪いとは思いませんが、心を込めて意識して行う方が結果も早いし、結果にも気づきやすいことを知りました。

多分、今までの10年間でもトイレ掃除の恩恵には色々預かっているはずなのですが、あまりに淡々と特別なこととは思わずに行っていたため、良いことが起きても直接トイレ掃除に結び付くことがありませんでした。

このことに改めて気付かせて貰えたのは、かずみんさんのおかげです。

本当にありがとうございます！

これからも、地道に、且つ感謝の心を込めて〝得たものノート〟と〝トイレ掃除〟を続けていきたいと思います。

（メッセージの中で「得たものノート」と書かれているのは、「私は〇〇を手に入れた！　ノート」と内容は同じです）

こちらの読者さんは９００万円以外にも、良い人とのご縁が急に増えてくるなど、嬉しい副作用もあったそうですよ！

行動だけではなく、そこにエネルギーを乗せる。

ただそれだけのことで、自分では予想できないほどの嬉しい出来事が舞い込んでくることがあります。

さあ！　早速今日からトイレを磨き上げ、自分の金運パワーもＭＡＸまで磨き上げましょうね！

実験 12　毎月1000万円の収入があったら……

【難易度　★☆☆】

期間	気が向いたらいつでも！
効果	実験６と同様
得られるもの	実験６と同様
やり方	「毎月 1000 万円の収入があったら、私はどう過ごすかな？」と真剣に考える癖をつける。ただそれだけ。

非現実的な金額設定で限界突破を起こす

ブログや本で、「こういうことをすると現実が変わりますよ！」「私はこういうことをしたから、願いが叶いましたよ！」と書いたときの皆様の反応で、一番多いものは何だと思いますか？

それは、「へぇ～とは思うけど、自分ではやらない」なんです。

そしてその次が「やってはみたものの、続かない」。

まあ、そりゃあね！　そりゃあ「妄想で願いが叶う」だなんて、怪しさ１００パーセントですもんね！

「そんなの叶うわけない」

「現実的じゃない」

とあれこれ理由をつけては、「やらない」ことを選んでしまうんです。

でも、だからこそ「やってみて続けた」人は、必ず変わります。

せめて、「すぐやれること」は今すぐやってみましょう。

というわけで、「毎月１０００万円生活」始めてみましょう！

では、質問をしますね。

毎月１０００万円の収入があったら、

①今から、何をする？

②明日は何をする？

③何を買う？

④(どこかに出かけるんだとしたら) どこに行く？

⑤月収１０００万円が当たり前になって、どんな気持ち？

これらを、『真剣に』考えてみてください。

「いや私、月収１０００万円もいらないし」という方もぜひやってくださいね！

というのも、自分の望む額が月収50万円であっても１００万円であっても、「１０００万円」と設定することで限界突破を起こし、今まで自分がいた常識の範囲内から抜け出すことができます。

それにゴール地点を１０００万円にすることで、月収50万円や月収１００万円は「ものすごく手前にある目的地」になり、手が届きやすい状態になるんですよ。

まずは何も考えず、この５つの質問に答えてみてくださいね。

何と言っても、毎月１０００万円なんですから！　ワクワクしますよね！

……はい、「毎月１０００万円が入ってくる私」になって考えてみて、ぐわああっとエネルギーが上がった人、テンションは普通だった人、いろいろあると思いますが、「毎月１０００万円が入ってくる私」のエネルギーを維持していたら、自分にピッタリ合った豊かな生活に近付いていきます。

ただ、言葉で言うのは簡単ですが、このエネルギーを維持するのがかなり難しいんです。ひとまずは、目の前の現実を生きなきゃいけませんしね！

でも、まずはやってみる。そして続ける！　を合言葉に、小さなことからコツコツとやっていきましょう。

そして、

①今から、何をする？

②明日は何をする？

③何を買う？

④（どこかに出かけるんだとしたら）どこに行く？

の質問の答えは、何だっていいんです。あなたの答えに、ダメ出しするつもりはありませんよ！

自分が好きなことをして、好きなものを買って、好きな場所に行ってください。

ただ、一つだけ言わせてください！

その答えの中に、

「今、できないからやりたい」

「今、買えないから買いたい」

「今、行けないから行きたい」

こういうものが出てきた場合です。

例えば、「20万円するネックレスが欲しいわ！（でも本当はアクセサリーにそれほど興味がない)」だとか、「1泊50万円のスイートルームに泊まってみたいわ!(でも本当はホテルにそれほど興味ない)」だとか。

もちろん、それはそれでいいんです。私も、そういったものはわんさかあります。

だけど、さらにその先を見つめてみてください。

「今、できないからやりたい」

「今、買えないから買いたい」

「今、行けないから行きたい」

これらをやり尽くした先に、私は何をしたいのかな? というところまで考えてみましょう。

そこに待っているのは、あなたのどんな姿でしょうか。

これにも、絶対的な正解はありません。

いろんなことをやり尽くした先で、毎日部屋でゴロゴロの人もいれば、毎日パーティーという人もいるでしょう。

時間に縛られず、お金にも縛られず、自分が好きなことを思いっきりやる。

本当に欲しいものは、「豪華絢爛な生活」というよりも「好きなことをして生きていける自由」と「お金があるという安心感」ですよね。

自分が本当にやりたいことは何か。自分が本当に欲しがっている毎日は、どんなものなのか。

それを、この質問実験を通してあぶり出してくださいね！

願いが叶った自分＝ワクワク感の減った自分を当たり前に受け入れる

では、
⑤月収１０００万円が当たり前になって、どんな気持ち？
という質問について。

当たり前ということは、月収１０００万円がもう「ごく普通のこと」になっています。

ですので、「本当に叶った後」の未来を思い浮かべた場合、「ワクワクが止まらない！」いうよりも、「意外と普通」「ふーんって感じ」「こんなもんなんだ」という感情がしっくりきます。

もちろん、「ワクワクしてる」「幸せを感じる」「感謝を感じる」という回答がダメなんじゃないですよ～。

そりゃあ毎月1000万円入ってきたら、ワクワクするし幸せだし、ありがとうって気持ちも溢れ出してきます。

でも、豊かな生活も、大好きな人との結婚生活も同じ。

最初は、変化があった毎日にワクワクしてキャッキャとはしゃぎたくもなるけれど、そのうちそれが「普通」になってきます。

そこには不満が生まれることもある。「もっと」と欲を持ってしまうこともある。

だけど、ふと「幸せだな」と感じる瞬間もある。

願いが叶うって、きっとそういうことなんです。

「超お金持ちになった私はどんな感じかな？」

「願いが叶った私はどんなふうかな？」

と自分に問いかけたときに、「ワクワクしてる！」と答えるのは何一つ間違ったことではありませんが、「いつもワクワクしてなきゃいけない」と思い込まないようにしてくださいね！

願いが叶った自分を当たり前のように受け入れ、満たされた感情を覚える。

これが、願いを叶える秘訣です。

さあ、あなたも「毎月１０００万円が入ってくる私」をリアルに感じてくださいね！

実験13 言葉を変えて、現実も変える

【難易度　★★☆】

期間

自分に合っていたら、ずっと続けましょう！

効果

「叶うかも・できるかもエネルギー」「幸せエネルギー」「愛されエネルギー」「豊かエネルギー」

- 自己肯定感アップ
- ネガティブな言葉が減る
- めちゃくちゃ簡単に、気軽にできるのに効果はバツグン

得られるもの

- 根拠がない「そうなる」「こうなる」という自信
- 根拠がないテンションアップ……根拠なんてなくて大丈夫！

やり方

心の中のひとりごと、よく口にする言葉、口癖を意識的に変える。
言葉をブツブツ口に出す、紙に書く、録音したものを何度も聴く、など。
これは、「アファメーション」と呼ばれているのと同じものです。

す。

言葉を変えると潜在意識＝本心が変わる

「妄想」という行為だけでも十分願いは叶うし、望む現実を呼び寄せることができま

実際、私の恋愛の願いは妄想のみで、アファメーションの類は一切していませんでしたが（そもそもアファメーションの存在を知らなかった）次々と叶いました。

これは、溺愛してくれた父のおかげで、もともと私の自己肯定感が高かったことも関係しています。

ですが、お金の願いを叶える際には、私は妄想だけでは足りませんでした。

これも、もともと「お金持ちは悪い人」「お金を楽に稼いだらバチがあたる」というような思いが強かったために、まずはこの思いを言葉で変えていく必要がありました。

自分の潜在意識の中に「望みとは違う思い」が多くあるなら、望みに合った言葉を「書くこと」や「聞くこと」で、潜在意識の中に刻まれているものを変えていく必要

があります。

「思い」よりも簡単に変えられるのが、言葉です。

言葉を変えることで、自分の中にある思い込みや思考の癖が徐々に変わっていきます。

思いが変わると、行動が変わり、それに応じて、現実も変化していきますよ！

「神様の奇跡が起こる」を唱える実験

私のメルマガでは、「神様の奇跡が起こる」アファの実験を行ってみました。

この「神様の奇跡アファ」は七田眞さんの『奇跡の超「右脳」開運法』（三笠書房）で紹介されたもので、ある人が朝から晩まで「神様の奇跡が起こる」と繰り返し唱えていたところ、突然頭の中にいくつかの数字が現れ、その数字通りにロト6を買ったら1億円に当選した！　という、まさに奇跡のような出来事で有名なアファメーションなんです。

この「神様の奇跡が起こる」アファを1カ月間、毎日１００回心の中で繰り返してみましょう！　と実験してみたところ、

「好きな人からＬＩＮＥが来た」

「ホテルに泊まったら部屋をアップグレードしてくれた」

「懸賞に当選した」

「たまたま訪れた場所で高校時代の友達と再会した」

「雨が降った日に洗濯物を干しっぱなしだったのに、まったく濡れていなかった」

などなど、皆様からの大きなものから小さなものまで、さまざまな奇跡の報告が続々と届きました。

おすすめアファ・フレーズ

アファメーションには、「いい言葉を口にすることで自分のテンションを上げる」効果と、「言葉を繰り返してネガティブ思考を止める」という効果があります。

感情を伴わずにただ言葉を繰り返すだけでも良い効果があり、さらに感情が伴えば

気分がノリノリになってご機嫌になれる。

おすすめのアファメーションリストをいくつか紹介しますので、口にしてしっくりくるもの、無条件にワクワクするものをマイ・レボリューションならぬマイ・アファメーションとして活用してくださいね！

■願い全般編

「世界は私に優しい」

「世界は私を喜ばせたくてしょうがない」

「私は全部うまくいってしまう」

「私はツキまくってる！ 運がいい！」

「世界は何でも与えてくれる」

「私はとても運がいい」

「願いがどんどん叶っている」

「私の人生は最高」

■恋愛・人間関係編

「私が好きな人はみんな私のことが好き」

「私は魅力に溢れている」

「みんな私と仲良くなりたくてドキドキしている」

「私は理想の相手と幸せな恋愛をします」

「私は彼に愛される存在です」

「私は彼に溺愛されています」

「私は大好きな人に大切にされて最高に幸せです」

「私はもうすぐ幸せな結婚をする」

■お金編

「私はお金が好きで好きでしょうがない。お金も私のことが大好き」

「お金がどんどん入ってくる」

「お金を使っても、ますますお金が増えていく」

「好きなことをしてるだけなのに、毎月１００万円の収入がある」

「私は好きなことを何でもできるし、どこでも行きたい場所に行ける」
「必要なお金はいつも私のもとにやって来る」
「私が使うお金は3倍になって返ってくる」
「私が人のためにお金を使うほど、私もどんどん豊かになっていく」
「お金がお金を呼び、どんどん増えていく」

■美容・健康編

「私はどんどん若々しく健康になっていく」
「私はますます美しくなっていく」
「私は歳を重ねるほど魅力が増していく」

注意点

①マイナスの言葉を入れない。人の不幸のために使わない

「マイナスの言葉を入れない」というのは、潜在意識には否定形が通じないから。
「私は貧乏にならない」「私は風邪をひかない」というアファメーションにしてしま

お金がじゃんじゃん入ってくるの!
私は彼に溺愛される!
私は魅力的!
私はキレイ!
ワクワク

うと、「貧乏」「風邪」という言葉が持つイメージがそのまま潜在意識にダイレクトに届いてしまい、「貧乏」「風邪」が現実化してしまうことになります。

アファメーションをするときは「私はお金持ち！」「私は健康！」というように、プラスの言葉を使ってくださいね。

また、潜在意識は自分と他人の区別もつきません。

「あの人、失敗したらいいのに」「あの人が不幸になったらいいのに」という思いは、そのまま自分に跳ね返ってくることになります。

他人の不幸より、自分の幸せに集中しましょうね！

②無理して続けない

これだけアファメーションの素晴らしさを伝えておいてアレなのですが、私はやはりアファメーションよりも妄想のほうが合っています。

「アファしなきゃ！」という思いにがんじがらめになってしまい、本当は妄想したいのにアファメーションを繰り返している……ということになったら、逆効果です。

ふっと時間が空いたときや、ぼーっとしているときにアファメーションを繰り返す。

気分を上げたいときに紙に書いてみる。ウトウトしているときに、子守唄代わりに録音したアファメーションを流しておく……など、ストレスにならない程度に実践してくださいね！

③ずっと同じものじゃなく、適当に変えていく

長くアファメーションを続けていると、しっくりこなくなったり、新たな願いが生まれることがあります。そういった場合は「自分の心がワクワクする言葉」に変えていきましょう。

自分がアップデートしたら、アファメーションもアップデートする必要があります。ゆる～く長～く続けていくために、無理せず楽しみながら、良い言葉と付き合っていってくださいね！

CHAPTER 3

妄想実験Q&Aとまとめ

——こんなときはどうしたらいいの？

実験を行うにあたって、私のもとに寄せられたご質問にお答えしていきます。
つまずいてしまったときに、読んでくださいね。

Q

妄想ボードを作りたいけど、家にプリンターもないし、写真を用意することができません……どうしたらいいですか?

A

「妄想ボード」の狙いは、自分の望みを視覚化し、インプットしていくことにあります。ですので、必ずしも「写真を紙に貼る」というやり方じゃなくても大丈夫です。

スマホかパソコンがあれば、画像を検索することはできますね。その中から、気に入った写真を待ち受けやデスクトップ画面に設定して、何度も見るという方法でも十分効果はあります（私も、札束の写真や南の島の写真を待ち受けにして、よくうっとりしています）。

今は、スマホが1台あれば何でもできる時代です。

スマホに保存した画像を、簡単にスライドショーにしてくれるアプリもあります。お気に入りの曲を流して、自分がワクワクする写真を眺めながらお茶を飲む……なんてティータイムも素敵ですね！

スマホだけでも工夫次第でいろいろなことができるので、ぜひやってみてください。

また、「自分で写真を探すのがめんどくさいわ」という方は、雑誌やパンフレットなどから写真を切り抜きましょう。私も一時期、旅行のパンフレットを持ち帰って、気に入った風景やホテルの写真をノートに貼っていました。

今は旅行もなかなか厳しい状況ですが、写真を眺めているだけで楽しいものですよね！　いつかまた現実で叶えられるときのための準備として、今はせめて脳内だけでも旅しておきましょう。

幸せな結婚を叶えたい方は、結婚情報誌や結婚式場のパンフレットの写真もいいですね。

「今見ている写真が自分の未来の出来事になる」という思いで、ワクワクする情報をたくさん自分の頭の中にインプットしてあげてください！

Q 「『ノートに書くと叶う』というけど、書くのは苦手でめんどくさい。やっぱり書かないとダメなの？」

A めんどくさいことを無理にせずに、楽な方法を探しましょう。

めんどくさいことを無理に頑張る、というのは私のポリシーに反します。ってかっこいいことを言っている風ですが、ただ「めんどいことはやりたくないよね～」って話です。

めんどくさいなら、めんどくさくない方法を探しましょう。出来ないときは、出来ることを探す。めんどいときは、楽な方法を探すんです。

確かに、書くのがめんどうな人に書くという作業は苦痛ですよね。エネルギーを変えることが何より大事なんですから、叶えるため、幸せになるために行動を起こしても憂鬱なエネルギーになってしまったら意味がありません。

でも、「その行動にただ慣れていないだけ」ということも考えられます。

今まで書く習慣がなかった方は、まずペンとノートを用意して、書くことを始めてみましょう。今まで習慣がなかっただけで、意外と性に合っているかも知れません。

何日か書いてみたけどやっぱりめんどい、楽しくないという場合は、書かなくても大丈夫、大丈夫。実験3の「私は○○を手に入れた！ノート」ならレシートをノートに貼り付けて「私はこんなにたくさんのものを手に入れたんだ」とニヤニヤしてもいいし、スマホのメモ機能にメモしていってもいい。世にあふれている便利な機能はありがたく使わせてもらいましょう。

そのへん、適当でも大丈夫です。私は潜在意識のことを知る前、書くことなんて一切したことがないですが、妄想一本で恋愛が叶ってきましたから。

「苦痛を伴うぐらいなら別の楽チンな方法を探す」というゆるさも、あなたの生活に取り入れてくださいね。

Q お金に関する実験に、抵抗があります。なにか必死な感じがするというか、がっついてるというか……。本当はお金が欲しいのに。

A お金はいいものだし、お金のために頑張るのは美しいですよ。

願いを叶えるために、お金持ちになるために、必死にがっついてる私……。そんな私、なんだかエレガントじゃないわ！　というような感じでしょうか。

でも、結果を出すために汗水流して毎日練習しているアスリートや、「綺麗になりたい」という思いで一生懸命自分を磨いている女性を「なんだかかっこ悪い」なんて思ったりしませんよね。

「願いを叶えたい」「お金持ちになりたい」という思いも、自分の中に生まれた大事な願いです。それを実現させるために必死になって行動するという行為は、みっともないものでも何でもありません。

ふわふわ～っと軽やかに願っただけで、願いを叶える人もいます。

ふわふわ〜っと願っただけでは本心（潜在意識）が書き換わらず、なかなか願いが叶わないという人もいます。

子供のとき、少し練習しただけで逆上がりができるようになる子もいれば、数回転んだだけで自転車に乗れる子もいました。

私は運動音痴のかたまりでできているので、鉄棒の練習のときは手がマメだらけになったし、自転車も転びまくりました。自転車に乗れるようになったのなんて、小学5年生のときです。

それでも必死に頑張って頑張って、逆上がりができるようになったとき、自転車に乗れるようになったときの喜びといったら格別でした。

一方、「逆上がりができなくてもいいや」「別に自転車に乗れなくてもいいや」と必死で頑張ることもせず諦めてしまった子たちは、ずっと「できないまま」「乗れないまま」が続いてしまうのです。

引き寄せに置き換えると、「必死に頑張って叶える」のか、「頑張ることを投げ出してずっと叶わない」のかの違いになります。どちらが幸せでしょうね？

みんながみんな、軽やかに願っただけで願いが叶うならいいのですが、そうもいかなければ、「必死で頑張る」こともまた美しいと思うのです。だって、本当に叶えたいんですよね？

自分の人生です。自分の願いです。人生に何度かくらい、必死こいて頑張るようなことがあったっていいじゃないですか。

それに引き寄せや潜在意識関連って、どれだけ必死こいても周りにはバレませんから。たとえばこの本に書いてある実験を全部してもらったとして、「うわ～私いろいろやってる！　頑張り過ぎじゃない!?」と感じても、人前では「私、すっごくラク～に願い叶えてますけど？　フンフンフ～ン♪」と鼻歌交じりにスキップしちゃえばいいんです。

お金関連にだけ抵抗がある、という場合は、お金そのものに対する拒否反応が潜んでいるのかも知れませんね。

お金を欲しがることは、みっともないことではありません。お金は、いいものです。どんどん欲しがりましょう。お金がすべてとは言い切れないけど、自分の「好き」「幸せ」を選ぶためにお金が必要になることも、よくあることです。

豊かさを、自分から拒否しないでくださいね。こちら（自分）が拒否していたら、あちら（お金）もこちらの懐には入ってきてくれません。

繰り返しますが、お金は、汚いものではないということ。必死こいて頑張ることは、美しさも伴うこと。

まずはそんなふうに、自分の中にある思いを変換してくださいね。

Q

アファメーションをしたり、紙に書いたり、妄想しても、「こんなことしても叶うわけないじゃん」と冷めた気持ちが出てきてしまいます。

A

あ～大丈夫ですよ！「私、何してるんだろ」と冷静になってしまうこと、私もありますから。

私なんて、6億円の画像を見て、「ぐへへへへ！」と、変態かずみんになることもあれば、「……で？」とクールかずみんが出てきてしまうこともしばしば。

でもね、そこで「やめる」を選択するんじゃなくて、「続ける」を選択するんですよ。

苦痛を伴っているわけではないんですよね？　ただ冷静になってしまう、というだけなら、今やっていることを続けてみましょう。

今まで私がやってきた妄想だって、全部「叶うはず」という思いを込めながらしていたわけではありません。「いやいやこんな大きな願いは叶うわけないでしょ」と思いながら、だからこそ妄想の中だけでも叶えよう、体験しようという思いで妄想を楽しんでいます。

それでも、幸せな妄想を繰り返していると、叶うんです。**自分の「思い」と「潜在意識にインプットされたもの」が違った場合、勝つのは「潜在意識にインプットされたもの」**です。それぐらい、潜在意識は強力なパワーを持っています。

妄想するときや、紙に書くとき、アファメーションをするときは、いつもいつも思いが伴っていなくても大丈夫。

でも、少しでも長く幸せな場面を思い描きましょう。少しでも多く、幸せな言葉を使いましょう。

その行動が蓄積されたとき、潜在意識が根負けして現実が動き出します。そのとき、

「叶わない」なんてちっぽけな思いはどこかに吹き飛んでしまいますからね。

Q　本当に忙しくて何もできないんです！

A　無理のない範囲で、ちょっとした現実逃避の時間を作ってみてください。

毎日、本当にお疲れ様です。そんななか、私の本を手にとってくださって、ありがたい限りです。私いつもふざけてますけど、こういうのは本心から言っていますからね！　本当にありがとうございます!!（大声）

「忙しい」の中身は人それぞれです。自分のことで忙しい人、自分以外の誰かのことで忙しい人。考え事をするヒマもない人。気がついたら寝てしまっている人。入浴するヒマもなく、毎日シャワーで済ませてしまっている人。

誰かの「忙しい」と私の「忙しい」を比べることなんてできませんが、私が忙しかった時期といえば、子供が6カ月の頃と、6歳の頃でした。忙しいというより、6カ月の頃は子供が2時間おきに起きていたので、寝る時間もなく、自分のことに時間をかける余裕もありませんでした。

起きる、子供にミルクをあげる、離乳食を作る、食べさせる、寝かせる、おむつを変える、延々とその繰り返し。子供を抱っこしながらうつらうつらと5分寝ただけで「あー、寝れたー！」と体力回復している日々でした。フラフラめまいとお友達の毎日でしたが、子供は育ってくれるものです。

「忙しい」「眠れない」とは言っても、幸せな日々でした。もう一度あのときに戻るかと言われたら、二度とイヤですけどね！　この頃はさすがの私でも妄想をするヒマもなく、ただ目の前の生活を送ることに精一杯でした。

子供が6歳の頃は、仕事と家事、本を出し始めていたので本の原稿とブログを書く日々でした。このときも、とにかく自分の時間が取れない。妄想のプロの私はやはり、妄想したいのにできないという状況が一番つらいのです。最高の妄想チャンスタイムである入浴も子供と一緒、寝る直前の妄想タイムも、疲れすぎて気がついたら寝てる状態なので妄想に浸れない。

でも、唯一妄想に浸れる時間があったんです。それが、通勤電車で会社に向かうまでの時間。ほんの20分ほどでしたが、この20分で、どれだけの妄想をしたことか。電車を待っている時間は「（本当は今から仕事でも）今から映画を観に行くんだー♪」と妄想。電車に乗っている時間も「（本当は今から仕事だけど）今から温泉に向かいまーす♪」とニヤニヤ。電車も私にかかれば、最高の妄想ツールです。

本当に忙しいときは、「妄想しなきゃ」「引き寄せしなきゃ」と頑張りすぎる必要はありません。でも、ほんの少しだけ、信号待ちしている時間、トイレに入っている時間、歯を磨いている時間、その時間だけでもふわっと現実から離れて幸せな世界を思い描くことができるなら、どうか堂々と現実逃避してください。現実逃避は「逃げ」ではなく、また再び現実を生き抜くための栄養補給ですから！

本当に忙しい方は、「無理をしない」ということを第一に過ごしてください。でも、ただ「忙しい」を何もしなくていい言い訳にしているだけなら、本当に忙しい方に失礼です。言い訳する暇があったら、自分の時間を良い方向に変えましょう。

Q 何をやっても「どうせダメだ」と思ってすぐにやめてしまって、続きません……。

A 最初から「出来た人」なんていません。出来ないと決めつけているだけです。

あなたは今まで、失敗したこともたくさんあったかも知れない。うまくいかなかったことのほうが、多いと感じてるかも知れない。

でも待ってください！　あなたも私も実は、赤ちゃんの頃、字を読むこともできなかったし、お箸を使うことだって出来なかったんです。え、知ってたって？　じゃあ思い出してください‼

だけど今、ちゃんと歩けるしお箸だって使えますよね。スマホだってパソコンだって使えますよね。ビデオの録画だってできちゃいますよね！

最初は出来なかったしわからなかったのに、出来るようになる。そんな経験を、あなたはいくつも体験してきているんです。それなのになんですか！「出来ない出来ないどうせダメだ」って、出来ない方ばっかり見ちゃって！

人間、生きていたら、そりゃあ出来たこともあれば出来なかったこともありますって。でも、出来なかったことばかりでもないはずです。

それに、今願ってることが叶うかどうかなんて、まだわからないことですよね？「どうせダメだと思ってしまう」ということは、「自分には出来ない」「叶わない」と判断してしまっているということです。あなたがするべきことは叶うか否かの判断ではなくて、「とりあえず前に進んでみる」ことです。

ね！　だからこうして、簡単に楽しみながらやってもらえそうな実験を揃えてみました。「うーん……今日のランチはデザートつけちゃおうかな☆」ぐらいのノリで、「うーん、今日は寝る前に10人にありがとう実験、やってみようかな☆」って軽～くやってみてください。

　気合いは入れなくていいです。ただゆるくても、続けてください。「叶わない」「出来ない」と決めつけるには、あなたがまだ若すぎることは確実ですから！

Q 「めんどくさいです」

A そう言って何もしないでいたら、明日の自分が可哀想です。

さあ、二択です。

めんどくさいから何もやらない。このままの毎日を選ぶ

願いを叶えて世界を変えたいから、やる

どちらを選んだっていいんです。「何もやらない」「現状維持」でもいいじゃないですか、あなたの人生ですからね！

でもでもでも、じゃあ、なぜ私の本を手にとってくれた？　ということなんです。

私の本は、自分で言うのもなんですけど希望に満ち溢れていますよね。あ、スミマセン、言い過ぎかも知れないけど、いやきっと希望に満ち溢れているはず！

せっかく生きているなら、少しでも自分の人生を幸せなものにしたい。笑って生きていきたい、という思いを込めて書いています。

だって、この世界は一度きりのワンダーランドですから。この世に生まれたということは、ワンダーランドに入園したということ。じゃあせっかくなら、思いっきり楽しんでワンダーランドを退場したいじゃないですか。

本物のテーマパークも、遊園地も、アトラクションに乗る前にチケットを買ったり並んだり、ちょっぴり面倒なことってありますよね。でも、そのあとには楽しいアトラクションを体験できますよね。

人生ワンダーランドもきっとそうですって。ずっと「めんどくさい」が続くわけじゃないですよ。

だから、「めんどくさい」って逃げずにちょっとだけ新しいこと始めましょうよ。同じことを繰り返していても、違う明日はやって来ませんから。自分の明日のために、今自分にできることをやる。それは未来の自分にとって、最高のプレゼントになりますからね。

Q 実験をしてみたけど、ことごとくうまくいかない！

A 本当はうまくいったのに、気づかないこともありますよ

実験がうまくいかなかった理由は、さまざまです。

肩に力が入りすぎてしまった、「成功させたい」という気持ちが空回りしてしまって、叶えることよりもメソッドに執着してしまった、時間が足りなかった……などなどいろいろな理由が思い当たりますが、「実は成功したのに気づいていない」ということもありえます。

「成功を受け取れていない」ということが、結構あるんです。

私はブログやSNSで、書籍のプレゼント企画をすることがあります。そこで当選された方にメールを送るのですが、何人か返事が返って来ない人がいるんですよね。迷惑メールフォルダに入っちゃってるんですかねえ……。

宝くじだって、1億円を超える高額当選であっても、換金されていないくじがかな

りあるらしいですからね！　いやあもったいない！　忘れてるなら私にくださいと言いたいですね！

実験をやっているのに全然うまくいかないと感じている方は、受け入れ力を上げてみることを意識してみましょう（ちなみにこの「受け取り力」については廣済堂出版さんから出ている『妄想レッスン』でも詳しく書いていますよ！　ぜひ読んでください！）。

お金の実験をしてみたけど、金銭状況が全然変わらない。そう感じているなら、豊かさアンテナをぴょんと伸ばしてください。

豊かさはお金そのものだけではありません。ものを安く買えた、いただきものがあった、ポイントカードが貯まってた、長年頑張って働いてくれている家電がある。これだって、豊かエネルギーがあなたのもとにやって来ている証拠です。「いや私はお金がいいの」という気持ちもわかりますが、そこはちょっと騙されたと思って！「豊かさ」を感じるハードルをかなり低くしてみてください。

手軽においしい水を飲めることや、窓から気持ちがいい風が入ってくるのだって、私の豊かさアンテナはビンビンです。無理やり感じることはないですけどね。それでも**自分が豊かさを感じれば感じるほど、また豊かさがやってくる。自分が幸せを感じれば感じるほど、また幸せがやってくる。**これは絶対的な法則です。

本当は当選メールが届いているのに、気づかない。本当は豊かさや幸せが自分のもとに降り注いでいるのに、気づかない。そんなことにならないように、いつも自分の周りにある豊かさに敏感になってください。

あなたが目を向けたその瞬間から、目を向けたものが拡大していきますからね。

妄想実験のまとめ

とにかくやる！　真似する！

さて、本書でいろいろな実験をご紹介してきました。

これらの実験の目的は、

①「知る」だけじゃなく「やる」にスイッチを切り替える

②自分の得意、苦手を知る
③「出来るかも」「叶えられるかも」というエネルギーに変えていく

というところにありました。

ブログや本を読んだだけでは、自分の人生は何も変わりません。「へえ〜」と思ったところで、自分が実践しなければ何も変わらないんです。

いろいろな人が伝えてくれている成功メソッドを「この人のやり方は面白い」「この人のやり方はいまいちだ」と評論する側にまわるんじゃなくて、「真似する」「やる」側にまわってください。

何かが上達する秘訣って、上手な人の真似をすることだってよく聞きますよね。それなら、幸せな恋愛を叶えたければ幸せな恋愛、結婚を叶えている人の話を聞く。お金持ちになりたければ、お金持ちの話を聞く。そして真似をする。

もちろんそれは、私が書いている方法じゃなくてもかまいません。「いいかも」と思った方法を真似するフットワークの軽さを身につけてくださいね。

また、さまざまな実験をしていくと自分の「得意」「苦手」「好き」「嫌い」もわかり始めてきます。

私の「得意」は言わずもがなの「妄想」ですし、「書く」「作る」（妄想ボードなど）のも「好き」です。

私の「苦手」は期限付きの実験なんです。「48時間以内にお金が入ってくる」という実験はワクワクするけど、成功率が低いし、「いついつまでに100万円！」という実験も苦手。

私の場合、期限をつけると「いついつまでに○○万円が入ってくるんだ～♪」とワクワクするよりも「いついつまでに○○万円を手に入れなきゃ……！」とプレッシャーに感じてしまうのかも知れません。

ただ、期限付きの実験を成功させている方もたくさんいますし、期限を設定したほうが潜在意識が本気を出す、という方もいます。自分にはどの方法が合っているかを見極めるために、自分の感覚を大事にしてくださいね！

それから、私はアファメーションもやりますが、あんまり好きではないです。いや、一時期張り切ってやりすぎちゃったんですよね……。家に一人でいるときは常に録音したアファメーションを流して、お散歩中も録音したのを聴いて、そのうち一人でお風呂に入るときも聴かなきゃいけないような気がしてきて……。

こうなったら本末転倒です。目的が「願いを叶えてもっと幸せになること」から「アファメーションを聴きまくること」になっちゃっています。

それでも、私があんまり好きじゃないアファメーションをおすすめするのは、やはりその効果も十分に感じているからです。言霊《ことだま》という言葉があるように、自分の口が発した言葉、自分の耳に届いた言葉はかなりの影響力を持っています。

アファメーションでも何でも、ひとつの方法をゴリ押しでおこなって潜在意識に届けるのも有効な方法ですが、何事も楽しくなかったら意味がない！　義務感やストレスを感じてきたら、「ほどほど」にしておきましょうね。

ウキウキ感MAXの人ほど成功する

これらを踏まえて、「出来る」「叶えられそう」という思いを自分の中に育ててあげてください。まず「やってみる」そして「自分の得意、好きを知る」、さらに「叶う」「成功する」。この手順を踏むことで、あなたはたやすく願いが叶う体質になっていきます。

でも、間違えないでくださいね。実験をしたから、願いが叶いやすい体質になるというわけではありません。

いつもいつも、**大事なのは「どんな行動をしたか」ではなく「どんなエネルギーでいたか」**です。

トイレ掃除などが、わかりやすい例ですよね。トイレ掃除はほとんどの人がやっているけど、みんながみんな豊かなお金持ちになっているわけではありません。

実験を行うことで「叶うかも」「いいことがあるかも」「私にも出来るかも」という軽やかなエネルギーに変わっていきます。

皆様から実験成功報告のメールをいただくたびに感じることは、成功する方は「なんだか楽しそう」ということ。「それに何の意味があるの？」「それで、何が変わるの？」なんて考えることなく、ウキウキエネルギーがあふれ出しているんです。

また、特に期限付きの実験でよくあるのですが、「多少失敗しても、うまくいかなくてもへこたれない」という共通点もあります。「３回ほどやってみてうまくいかなかったけど、もう1回やってみました！　そうしたら今度は成功したんです！」なんて報告もよくいただきます。

私も、期限付きの実験はうまくいかないことが多いのですが、「いずれうまくいくからいいや〜」とのんきに構えています。うまくいかなかったことを「失敗」ととらえるんじゃなく、修正チャンスととらえていきましょう。「今度はこうやってみよう」というアイデアがあるならそれを実践、「これは向いてないな」と思うなら違う方法でやってみる。

ここで紹介した実験は、すべて成功するまでやって欲しいということではないですからね！

全部成功したって、あなたの叶えたい願いが叶わなかったら意味がありません。本当のゴールは、あなたが心から幸せになることですからね！

これらの実験を通して自分に合ったメソッドを見つけてくれたら、何でも願いが叶う魔法のランプを手に入れたも同然です。この魔法のランプは、願いを3つどころかいくつでも叶える力を持っています。

実験に成功して、そしてあなたの願いも叶ったら、私のブログ、ツイッター、メルマガまでぜひ教えてくださいね！

　あ、では最後の実験です。


「かずみんに、願いが叶ったと報告をする」【難易度　★☆☆】

　私にメールやコメントを送っているあなたの姿を、妄想してください。

　どんな願い報告でしょうね？　あの人との恋が叶った？　素敵な人と結婚した？　年収が倍になった？　夢が叶って大成功した？

　私は、いつでも待っています。でも、私もまだまだ山に登っている途中です。あなたに負けじと、私もたくさんの願いを叶えちゃいますからね！　これからも、たくさんの願いを一緒に叶えていきましょう！

CHAPTER 4

「不安なんて、あっち行け！」

――3分でできるエネルギー切り替え実験

「3分」を侮るなかれ

「1日3分だけ」思考を切り替えても、行動を変えたとしても、残念ながらそれは現実を変えるほどには至りません。

でも、不安な気持ちになったときに、その不安な感情に浸り続けてまた不安な出来事を的中させるよりも、ふっと3分だけ気持ちを切り替えて前向きになれるなら、そのほうがいいですよね！

それに、「3分」を甘く見ちゃいけません。3分あればカップラーメンを作ることもできるし、ウルトラマンなら地球を救うことだってできるんですから！

それに、こんな話も聞きました。高齢者向けに食事を配達しているお弁当屋さんが、「3分間サービス」という、3分程でできる電球の取り替えやゴミ出し、缶詰のフタを開けるといった、高齢者の方がちょっぴり大変なことを、配達員の方がお手伝いするサービスがあるそうなんです。

心温まる素敵なサービスですよね！　こう考えると、3分でできることってたくさんありそうですよね!?

それに、「3分やってみたら、もっと長くやりたくなる法則」も発動する可能性ありです。

「3ページだけ本を読んでみよう」と思っても、いざ読み始めてみると10ページ読めてしまったり、「5回だけ腹筋をしよう」と思っても、いざやり始めてみると10回いけた！ってこともありますよね。

「3分」をいつやるか

「3分やる」と決めたらそれをいつやるか、というのも大切なポイントです。

①いや〜な気分が高まっている時

これは、いつ「いや〜な気分になる」かはわからないので、いや〜な気分になったときにその都度3分切り替える、というやり方ですね。

②通勤中、お散歩中などに

「無」の時間の3分間を変えることで、「有」にしていくやり方です。

もちろん、何も考えていない「無」の時間も必要です。が、「あ〜帰ったら洗濯物取り込まなきゃ。あ、そういえば明日ゴミの日だから分別しなきゃ。うわ〜めんどくさい」というようなことを考えている時間がダラダラと続くのであれば、3分間を有意義に過ごしちゃいましょう。

③なんとなくの時間を変えて意識高い系に

テレビやYou Tubeを否定する気はまったくありませんが、「これが見たいの！」「この番組好きなんだ〜」と目的を持って楽しむのではなく、「なんとなーく」テレビやYou Tubeを見てる、というなら、それに費やす時間のうちの3分だけ変えていきましょう。

これであなたもプチ「意識高い系」の仲間入りです。ちなみに私は、意識高い系の意味をよくわかっていません。すみません。

なんとなく過ごしている時間を、自分の未来のための時間に変える。それが3分から始められるなら、ハードルは低そうですよね！

低いハードルをいくつも飛び越えていたら、いつの間にか高いハードルも飛べるようになります。

でも、意識を高くして疲れてしまったり、ストレスに感じてしまったら意味がありませんよ！　手を抜くときは思いっさり手を抜く、ダラダラするときは思いっきりダラダラすることも大切です。

「なんとなくダラダラ」ではなくて、心と身体が疲れたときは「よーし！　私は今からダラダラダラするぞー！」としっかりダラダラしてくださいね！

「３分だけ」を１日１回だけなら意味はないかも知れないけど、それを10回やったら、１日30分です。それを１週間やったら２１０分。１カ月やったら９００分。時間にしたら、１カ月で15時間もの積み重ねになるんです。

15時間、不安に浸り続けているか、望む未来を見つめるか。

15時間、ただ無意味にスマホをいじっているか、望む未来を創り出すか。

さあ、「１日３分から」を今すぐ始めてみましょう。

1 妄想

（いつやる？……①　②　③　いつでも！　そして一番オススメの時間は、夜寝る前（眠い時や頭がぼーっとしているときほど顕在意識がヘロヘロで、その分すーっと潜在意識に到達するから））。

はい！　いきなり出ました、私の専門ジャンルです。

妄想は、「時間」よりも「頻度」で勝負です。1日3分だけの妄想時間では、それは現実を変えるほどには至りません。

が！　この3分を、意識的に何度もとる。「望む未来を妄想する」ということは、イコール「望む未来を創造している」ということなんですから！

でも、3分間妄想をし続けるって意外と大変なんですよ。実は妄想のプロである私も、3分間同じ妄想をし続けるのは厳しいです。どうしても、妄想してる途中で雑念が入ってきてしまうんですね。

ですので、妄想の内容はひっちゃかめっちゃかでも大丈夫です。

たとえば、「好きな人とイチャイチャしている妄想」10秒↓「好きな人と沖縄に旅行している妄想」15秒↓「宝くじに当たってはしゃいでいる妄想」10秒↓「痩せてきれいになった姿を妄想」15秒↓「積まれている札束を妄想」5秒↓「好きな人とイチャイチャしている妄想」10秒……。

なんて感じで、自分が幸せを感じる妄想や映像を次から次と頭に思い浮かべる形でも全く問題ありません。映画の面白い場面や盛り上がるシーンだけを集めたダイジェストのように、「マイ妄想ダイジェスト！」みたいなものを自由に思い浮かべてください。

自分の頭の中で思い描く妄想だけではなく、運転中や料理中、寝る直前じゃなければ、合間にちょこちょこ写真の力を借りても大丈夫。

妄想が途切れてきたら、結婚式の写真や、好きな人と行きたい場所の写真、6億円画像などを見て、妄想モチベーションを上げましょう。

ちなみに私は、妄想が途切れてきた際に、アファメーションをよく取り入れています。「お金がどんどん入ってくる」と繰り返していると、そのうち札束の映像が頭に浮かんできてお金持ち気分の妄想に切り替わるし、「私はどんどん若々しくなっていく」と繰り返すと、歳を重ねてもスリムジーンズを履きこなしている自分の姿が浮かび、「かずみんさんってホント若々しいわよねー」なんてセリフまで聞こえてきます。

３分間、しっかりみっちり妄想しなきゃ！　と頑張りすぎるのではなく、こんなふうにゆる〜い感じでも大丈夫。

正しく妄想したから、しっかりイメージングしたから現実が変わるのではなく、妄想することで自分が楽しい気分になるから、現実が変わっていくんですからね！

2 思ったことを書き留める

（いつやる？……③）


ふと自分の脳裏に浮かんだことを書き留める、という習慣をつけてみましょう。妄想は１日３分だけだとあまり意味がありませんが（はっきり言っちゃいますよ！）、こちらは１日３分だけでも十分効果があります。

書き留める内容でおすすめなのが、次のようなものです。


A「あ、これをやってみよう」というアイデアスタイル。

「あのカフェに行きたい」

「ココアが飲みたい」

「あ、今度糖質オフのおやつを買ってみよう」

「不労所得について調べてみよう」

「かずみんの本を買いに行こう」（ありがとうございます！）


こんなふうに、頭に思い浮かんだアイデアをどんどん書いていきます。一見、自分の願いとは関係なさそうなことでも問題なし！　ひたすら書いていきましょう。

「○○を飲む」「○○を調べる」など、すぐできることはすぐにやるのも大切です。チャンスの神様はスピードを重視します！　すぐ動くあなたのことをちゃんと見てくれていますよ！


B「今日、こんないいことがあった」「今日、これが楽しかったな」という、ハッピースタイル。


「雑貨屋さんで可愛い小物を見つけた」

「上司に褒められた」

「ノリノリになる曲に出会えた」
「朝起きて窓を開けたら気持ちいい風が入ってきた！」
「かずみんの本が面白かった！」（ありがとうございます！）
など、どんなささやかなことでも大丈夫。自分が「楽しい」「嬉しい」「幸せ」と感じたことを書いていきましょう。

嬉しかったことに目を向ける習慣をつけると、脳が無意識のうちに、また幸せな出来事を探し出してくれます。日々の幸せを手のひらからこぼさないように、ひとつひとつ拾ってあげてくださいね！

C　自分の「好き」を思いっきり書くラブレタースタイル。

漫画や本、映画、曲、有名人、スポーツ、食べ物、場所、かずみんのブログ（ありがとうございます！）、今、大好きなあの人。

「好き」は人を動かす原動力になります。それが生きていく上で必要ないものであっても、「好き」は生きがいになります。

自分が今、「好き」だと思っているもの、「好き」と感じたものを、忘れずに書き留めていきましょう。

面白い映画を観たときの、エンドロールが終わってもなかなか現実に戻って来れないあの感じ。

２００ページ以上ある本の中の、たった一文が人生を変えてしまうあの感じ。

「あ、私あの人が好きなのかも」と感じたときの、自分の世界が彩られる感じ。

そんな瞬間は、きっと人生の宝物です。好きなもののことを考えてる時、人は無条件に幸せです。なんとなく過ぎ去っていた3分間を、最高に幸せな時間に変えちゃってくださいね。

3 マイナス感情をデトックスする
(いつやる?……①)


自分の意思とは関係なく、もわもわっと出てくるマイナス感情。

これ、「なかったこと」にするのが一番良くないんです。なかったことにしても、自分の中の本当の自分は全部お見通し。

現実化する事柄って、自分の中に「地味〜に長〜くあるもの」が圧倒的に多いんで

す。

「お金持ちになるぞ！」と1日だけ全力で思っても、今まで何年も「私はお金持ちになれない」と思っていたら、現実化するのは「お金持ちになれない」の思いのほうですよね。

だからこそ、**マイナス感情はちゃんと認めて外に出す！** ちゃんと自分の感情に気付いて、解き放つ！　これ、かなり大事です。

まず、「ただ感情を吐き出したい！」というときは、なにも考えずにそのまま紙に思いをぶちまけましょう。

「ムカつくー！」「悔しいー！」「許せない許せない許せない！」って。

マイナス感情って、ただ意味がないものではなくて、「こんにゃろ！」と思う悔しい気持ちや嫉妬って、ものすごいパワーを持っているんです。

「悲しい」「悔しい！」という感情を、自分をプラスに変えるエネルギーに変えてしまいましょう。

「覚えてろ！」「いつか見てろ！」というような感情だって、自分を前に突き動かすパワーを持っています。このエネルギーをプラスの方向に使わない手はないですよね。
マイナス感情をなかったことにしないで、しっかり感じて、外に出してください。

「なんだかモヤモヤする……」「なぜかはわからないけど不安」という気分のときは、**「事実」と「事実じゃないこと」に、一つひとつバラしていきましょう。**

例えば、「結婚したいけど私はもう50代だし出会いもないし、どうせ男の人は若い子を選ぶに決まってるし」という思いが溢れてきたとします。

この中で「事実」なのは「私は50代」ということだけ。「出会いもない」と「男の人は若い子を選ぶに決まってる」というのは自分の中にある不安や思い込みであって、「それが本当のこと」とは限りません。出会いなんてどこに落ちているかわからないし、そりゃ若い子が好きな男性は多いでしょうが（「若さ」って大きな魅力ですからね！）、生涯をともにする女性に求めるのは若さだけではないはずです。

女性としての魅力だけではなく、「知性」や「経験」など、「総合人間力」を身につけた女性は、若い頃に負けじと輝いていますよ！

では、「お金がなくて将来が不安。パートナーがいないし、好きな人はいるけど彼は私のことなんか興味ないし。仕事もパートだし、もうアラフォーだし、いつクビになるかもわからないし」という不安について。

この中で「事実」なのは「パートナーがいない」と「仕事はパート」「アラフォー」という部分です。

さらに、「パートナーがいない」と「仕事はパート」の部分は「今現在の」事実であって、この先もそうとは限りませんよね。

「お金がない」も、自分が今感じている事実だとするなら、漠然とした不安を抱き続けるのではなく、「じゃあどうすればいいかな?」と解決策を考えてみましょう。ただなんとなく不安を感じ続けるよりも、今できることをやる。勉強したり、本を読んだり、オンラインのセミナーを受けたり、家にいてもできることはたくさんありますよね。

特にコロナ禍に入ってからは、「何もしないまま」の人と、「できることを探してやる」人では大きく差が開いているように思います。

「将来が不安」「クビになるかも」は「まだ起きていないこと」だし、今できる対策だってあるはずです。「好きな人は私に興味ない」は、「わからないこと」です。自分の不安な心が勝手に創り上げてしまった世界ですね。

こうして自分の悩みを分解してみると、「今やるべきこと」「今自分にできること」がわかります。「わからないこと」は考えたってわからないんですから、悩むなんて無駄なことはやめて、その時間を幸せな妄想に置き換えましょう。

「ダメかも知れない」「叶わないかも知れない」という不安な思いも同じ。気が付かないふりをしないで、ちゃんと「そっかあ。そう思ってるのか〜」と自分の感情を受け入れてあげてくださいね。

マイナス感情を持ちながらでも、願いは叶うし恋も叶うし、お金持ちにだってなれる。ただ、いつまでもマイナス感情に浸り続けないことが大事なんです。

モヤモヤを抱えたままにしないで、感情を外に出して心のデトックスをしっかりしてあげてくださいね！

4 やりたくないことリストを書く

（いつやる？……① ③）

ここでは、「やりたいこと」ではなくて「やりたくないこと」をどんどん書き出していきましょう。

というのも、「やりたいこと」って実は難しいんです。そこには「なんか人が言ってるから」「なんかメディアがそう言うから」というように、「自分の意志」がないこともあるんです。

テレビにタワーマンションが映れば「素敵！」と思う。世界一周豪華クルーズが映れば「行きたい！」と思う。でも、「本当にそれが欲しい？　行きたい？」とよく考えてみると、そうでもないなってことありますよね。

でも、どうでしょう。「自分がやりたくないこと」「自分が嫌いなこと」だったらはっきりわかるような気がしませんか？

私も、「やりたくないことリスト」を書いたことがありますよ！　書いたのはこんなこと。

「決まった時間に仕事に行く」
「イヤな会社とは仕事しない」
「睡眠を削ってまで仕事しない」

イヤな会社と仕事したくなくて、決まった時間に仕事に行くのもイヤで、仕事のために睡眠を削るのはイヤ……。

なんだか、ただのわがまま野郎ですね！　でも、書くだけならただですから。あなたも、ただ頭に思い浮かんだままに「やりたくないこと」を書いてみてください。

「人にバカにされない」
「男性に支配されない」
「都合のいい存在にならない」
「被害者の立場にならない」
「本当は家事が嫌い」
「早起きしたくない」

「っていうかもう働きたくない」

など、思いついたことをなんでも書いてくださいね。

ちなみに私のわがままリスト（やりたくないことリスト）ですが、「決まった時間に仕事に行く」は今の仕事につくまで、ずっとしていたことです。

その頃はそれが普通だと思ってたし、会社に勤めていて楽しいこともあったのですが、「好きなときに好きなことをできる〝自由〟って最高！」という思いも私の中に確かにありました。

また、睡眠を削って読書やゲームはいくらでもできますが、仕事はしたくありません。ははは！　まあ、睡眠を削らなきゃいけない状況にならないために、毎日しっかり頑張っていますよ！

また、この「やりたくないことリスト」を書いた途端にソレがやってくる、ということもあります。

「決まった時間に仕事に行きたくない」「イヤな会社と仕事をしない」と書いた私だ

ったら、書いた途端に昔お世話になった職場から「復職しませんか?」とメールが来たり、もうあまり関わらないでおこうと考えていた会社から仕事の依頼がきたり……。

そんなときは、目先のことにとらわれず、よーく考えてみてくださいね。「絶対に断ってください!」ということではありませんが、「お試しされている」と捉えることもできます。

「その決意は本当? それ、本当にやりたくないの?」という、潜在意識からのお試しテストなんです。

「私のことを都合よく扱ってくるあの人とはもう会わない」と書いた途端にその人から連絡が来たり。こういうときは、キッパリ断りましょう。自分の決意と向き合い、新しい一歩を踏み出すチャンスなんですから。

「やりたくないことリスト」、書きましたか? 常識や思い込みにとらわれず、自由に書いてくださいね! では次は、『やりたいことリスト』を書き出していきましょう。

5 やりたいことリストを書く
（いつやる？……①　③）

「やりたくないこと」を書き出したら、「じゃあそれをやらないためにはどうしたらいいかな？」と「やりたくないこと」を「やりたいこと」に変換することができます。

私の場合だと、「決まった時間に仕事に行く」ことがイヤなら「家で仕事をする」「仕事をしないで別のことで稼ぐ」というふうに書き換えることができますね。

そして今、まさにその通りの毎日を送らせてもらっています。好きなときに仕事をして、好きなときに寝て、好きなときに映画に行ける毎日です。

「男性に支配されない」「都合の良い存在にならない」と書いたなら、「自分を大切に扱う」「支配してくるような男性とは離れる」「大事にしてくれる男性とお付き合いする」が「やりたいこと」です。

「本当は家事が嫌い」なら「家事が好きで得意な男性と結婚する」「家事代行サービスを頼む」、「っていうかもう働きたくない」なら「好きなことが仕事になり、収入を得る」「夢の不労所得を得る！」「高収入の旦那さん（奥さん）と結婚して、サポートする」など、いろんな選択肢がありそうですね。

自分の「やりたい」を見つけるときには、どんどん欲張るということもポイントです。

「仕事をしない↓だから収入は得られない」じゃなくて、「何もしてないけど収入は発生してる」と設定することもできる。

「結婚する↓自由な時間が減る」じゃなくて、「結婚しても自分の時間がたっぷりある」と決めることもできます。

実際、私も今の仕事につき、身体の負担も心のストレスもかなり減りました。でも、収入は倍どころかもっと増えています。

結婚して子供がいますが、家族との時間もたっぷりある一方、週末は夫の協力などもあって、一人でのんびり過ごせる時間も十分もらっています。その時間に仕事をしたり、趣味に没頭したり。

何かを叶えたから何かを諦めるんじゃなくて、欲しいものを全部手に入れる！　ぐらいの気持ちで強気にいってくださいね。

ただ「やりたいことを書く」だけでは叶いませんよ〜。もちろん、この物質世界に生きている以上、それに伴った行動も必要です。でも、まずは書くことで決意ができ、次にやるべきことへの準備ができます。

願いを叶えるためには、まず自分の本当の願いを知ることが必要不可欠です。

「叶うか叶わないか」はひとまず横に置いておいて、「やりたくないこと」を知ったあとの自分の本当の「やりたい」を見つけ出す3分間にしてくださいね！

6 質問をしてみる

(いつやる？……① ② ③)

ではさらに、「やりたいことリスト」にパワーを注いでいきましょう。

・好きなことだけして生きていく
・毎日漫画を読んで暮らす
・週に5時間だけ働いて月収１００万円を得る

などなど、「いやいや無理でしょ」と感じるものも出てきたかも知れません。「いやいや無理でしょ」と感じるものがたくさん出てきた人ほど、心を解き放っているのでいい傾向ですよ！

ここで「いやこれは無理だな」とキャンセルするのではなくて、「で？」と問いかける習慣をつけてみましょう。

理想のマイホームを建てる！（でも今は予算的に無理……）↓「で、どうやって叶ったんだっけ？」

好きなことを仕事にする↓「で、誰が協力してくれたっけ？」

南の島に１カ月旅行する↓「で、あのときどんなふうにお金が入ってきたっけ？」

なんてふうに。

この３分間は、「ただ質問を投げかけるだけ」です。

自分の頭の中で問いかけたあとは、すぐに答えを求めるのではなくて、放置しておきましょう。

ほら、よく芸能人の名前を忘れること、ありますよね。顔はよく思い出せるのに、どうしても名前だけが出てこない。「ほら、あの人！　あのドラマに出てて、髪型がこんなんで、あの俳優さんと熱愛報道があって……」って一生懸命思い出そうとすればするほどドツボにはまってしまうんです。

そしてふっと、「いや今じゃないんだよ」というような時に思い出したりするんですよね。

潜在意識に問いかけた質問も同じです。

一生懸命答えを探し出そうとしているときほど、出てこない。ふっと肩の力が抜けたときにこそ、答えは浮かび上がります。

寝る直前に「あ、こんなことしてみよう」とアイデアが生まれたり、お風呂に入ってるときに「こんなやり方はどうかな」とふとしたひらめきがあったり、夢にヒントがでてきたり。

膨大な情報力を持っている潜在意識を眠らせたままにするのはもったいない！

「やりたい」が見つかったら、すかさず「で？　どうやって叶ったんだっけ？」と質問を投げかけ、潜在意識にバリバリ働いてもらいましょうね！

7 優雅なティータイム

（いつやる？……③）

自分のために紅茶をいれて、優雅なティータイムを過ごしましょう。
それが自宅であっても、飲んでいるのが50袋入りの紅茶であっても、目を閉じれば
ここはリッツ・カールトンです。

あ！　この時間は、スマホをいじったりテレビを見たりしないでくださいね。

今はただ目の前の紅茶を楽しむ、それだけの3分間です。

悩み事を考えていたら、紅茶のおいしさもどこかに飛んでいってしまいます。

スマホを触っていたら、意識が紅茶からスマホにうつってしまいます。

いつでもどこでもスマホひとつで暇つぶしができる現代ですが、「何もしない」時間こそが一番贅沢で大切な時間なんです。

今は何も考えずに、ただ紅茶を「おいしいな」「温かいな」と感じてくださいね。

8 本を読む
（いつやる？……①　③）

今、貴重な時間を使って私の本を読んでくれている皆様にわざわざ言うことではありませんが、本って本当にいいですよねー！

私も、本大好きです。1カ月に15冊ほど読んでいます。ジャンルは自己啓発系、ビジネス本、小説がほとんど。

本を読むと、知識が増えるのはもちろん、脳が活性化したり、想像力も磨かれるそうです。

また、私が「なるほど！」と感じた読書の効果がストレス解消。

本を読んでいるときって、時間を忘れて本の世界に没頭しますよね。そう！　読書は妄想と同じく、現実逃避できる手段のひとつなんです。

妄想大好きな私は、本を読むことでも現実逃避をしていたんですね。ちなみに映画も好きですね！　一体どれだけ現実から逃げているんだか！

いいえ、妄想も読書も映画も、一時的に現実から離れることで、また再び現実を生き抜く力になってくれる栄養補給です。どんどん現実逃避しましょう。

現実逃避なら、テレビやスマホのゲームでもいいのでは？　と思われますよね。もちろん、テレビもスマホゲームも楽しいものです。私も大好きです。

だけど、テレビやスマホなどの電子機器からはブルーライトが発生しているので、リラックス効果よりも神経が興奮してしまうらしいのです。適度な時間で楽しむならいいのですが、あまりに長時間スマホを見続けていると目も脳も疲れてしまいますよね。

6分間の読書でも、十分なストレス解消効果があるとも言われています。まずは3分、時間をとって、本を開いてみましょう。

私は、奥平亜美衣さんの本と出会ったことで、文字通り人生が変わりました。「このまま、普通に主婦として生きていくんだ。それで十分幸せだ」と当たり前のように思いながら生きてきたのに、一冊の本との出会いから、自分がどのように生きていきたいかをしっかり見つめ直すきっかけになったのです。

3分間の読書タイムが、人生を変えるかも知れない！　そんな素敵な可能性を、本というツールは十分に持っています。

9 ラジオ体操（いつやる？……③）

何を隠そう、私はラジオ体操ラブです。ラジオ体操には絶大なる信頼を寄せています。

子供が小さい頃、謎の体調不良に襲われたことがあったんですよ。すぐにめまいがしてフラフラして吐き気をもよおしてしまい、外出も思うようにできない。まあ、ストレスや疲れなどが原因だったのだと思います（具合が悪い時は自己判断せずに、必要に応じてお医者さんに診てもらってくださいね！）。

そんなとき、私を救ってくれたのはラジオ体操でした。ラジオ体操なら家でできるし、具合が悪くなってもすぐに休むことができる。

そんなこんなで、数年前からずーっと続けています。今はすっかり体調も良くなりましたが、変わらずラジオ体操ラブです。

ラジオ体操の効果を調べてみると、ラジオ体操は全身の約４００以上の筋肉を使うと言われています。

また、身体の歪みが取れ、美しい姿勢とプロポーションを作ってくれるし、内臓の働きも活発になるそうです。

試しに時間をはかってみると、ラジオ体操第1は約3分30秒でできました。

当然、ラジオ体操をしているときも「叶った私」を妄想しながら「うふふ、うふふ」と体を動かしていますよ！

3分で気軽にできるリフレッシュタイム！　あなたもぜひラジオ体操愛に目覚めてくださいね！

10 1カ所掃除

（いつやる？……①　③）

部屋全体を3分で掃除するのは無理ですが、どこか1カ所だけなら3分だけでもできそうですよね！

玄関を掃く、トイレを磨く、洗面台を拭く、1部屋だけ掃除機をかける、台所を磨く、テレビやパソコン周りのホコリを取る。

あなたは、汚れた部屋に住んでいいような人じゃないんです。あなたに似合うのは、綺麗な空間です。

シンデレラだって、薄汚れた屋根裏部屋をあてがわれながらも、「別に誰も見ないから汚いままでいいわ」なんて言わず、毎日掃除を続けました。

「いつかはきっと幸せになれる　たとえつらいときでも信じていれば夢は叶うもの」なんてのんきに歌ってるし、「私が夢を見ることは 誰にもとめられないわ」なんてネズミや小鳥たちとしゃべっています。

いやもうこれ、完全にアホな子でしょ。正気の沙汰ではありません。だから私、ディズニープリンセスの中でもシンデレラが一番好きだし、尊敬しています。シンデレラ姐さんと呼ばせてください。

内面はほったらかしで外見だけを磨くことに必死だったシンデレラの義姉たちと、内面も（そして部屋も）美しかったシンデレラ。待っていた結末は、明らかですね。

シンデレラのように全力で夢を見て幸せな妄想をしながら、3分の掃除タイムで部屋もスッキリ！　心もスッキリしてくださいね！

11 プリンセスになる

（いつやる?……① ② ③）

いよいよヤバイ人になってきました。でも今さらなので、気にせず進めていきます。あなたの心の中に、架空の執事さんを住まわせましょう。この執事はいつも、あなたのことを気にかけており、あなたに幸せでいて欲しいと思っています。

心の中の執事のセリフは「お嬢様、いかがなさいましょうか」でもいいし「プリンセス、何をお望みですか」でもいい。執事はイケメンでもイケオジでもいい（私はイケオジ派です。どうでもいいですね!）。

「甘いものが食べたいわ」と思ったら、「こちらでございます、お嬢様」という執事の声とともにチョコレートをひとかけら食べましょう。

「少し疲れたわ」と感じたときは「お嬢様はよく頑張っておられます。どうかひとときだけでも、ゆっくりお休みください」という声とともに、3分間ぼんやりする。

朝食前に、

「今日のメニューは納豆ご飯と味噌汁と、あとは何かしら?」

「目玉焼きか卵焼きをご用意出来ます、お嬢様」
「じゃあ目玉焼きをいただくわ。半熟でね」
「かしこまりました」
（……そして自分で焼く）
なんて会話をしながら、脳内プリンセスごっこを楽しむこともできます。

私、5年前にこの脳内プリンセスごっこにハマってたんですよね。そうしたら、5キロ痩せました。まあその前に激太りしたっていうのもありますけどね！　ふふふ！

この脳内プリンセスごっこは、自己肯定感がぐんぐん上がるんです。いつでもどんなときでも、自分を全肯定して励ましてくれる架空執事という存在。自分を大事にするから、食べるものにも気を遣うようになる。こんな効果があり、私はダイエットが成功したのだと思いますが、自分を大事にすると周りからも大事に扱われるという素敵な効能もあります。

あなたを満たしてくれるものは、あなたの外側にいる誰かや何かではなくて、あなたの内側にあります。

何があってもあなたの味方をしてくれる執事さんと、3分間のリラックスタイムを過ごしてくださいね。

12 幸せにし隊

(いつやる?……① ② ③)

この3分間は、誰かを幸せにすることに全力を注ぎましょう。これであなたも「幸せにし隊」に入隊です。おめでとうございます。

その「誰か」はあなた自身でもいいし、他の誰かでもかまいません。

あなたが今、一番幸せを感じるものはなんでしょうか。よく冷えたミルクティー? 素敵な結婚式の写真? 最近お気に入りのあの一曲? 良い香りのするハンドクリーム?

今目の前にあるものに反応するだけだったり、なんとなくSNSを眺めっぱなしにするんじゃなくて、「これが欲しい」「これが見たい」「これが聞きたい」と感じたものを自分に与えてあげましょう。自分を思いっきりご機嫌にしてあげましょう。

もちろん、自分以外の誰かを幸せにし隊でもいいですね。

旦那さんに「いつもお疲れ様。ありがとう」とメールしてみる。離れて暮らす両親に「元気にしてるよ〜」と電話してみる。最近会ってない友だちにメッセージカードを書いてみる。お世話になったあの人へのプレゼントを、ネットで探してみる。好きなユーチューバーさんの動画に「いいね」を押してみる。

そんなささやかなことで十分です。誰かの笑顔を見たいと感じながら取ったあなたの行動は、また素敵なギフトとしてあなたのもとに返ってきます（もちろん、見返りを求めながらの行為ではないんだけど、結果として返ってきちゃいます）。

自分でもいい、自分以外の誰かでもいい、ペットでもいい、植物でもいい。この3分間は、〝何か〟に全力で愛を注ぐ時間にしましょう。

さて、3分間のエネルギー切り替え実験を12個、ご紹介してきました。

たった3分間と侮るなかれ。何もしないより、何かをした3分間。ひとつの行動は3分でも、その積み重ねはきっと人生を変えてくれます。

ストレスを感じすぎず、楽しみながらゆる〜く続けることが大切ですからね！

装丁◉原田恵都子（Harada + Harada）
カバー挿画・マンガ◉福田玲子
本文デザイン・DTP◉桜井勝志
編集◉飯田健之
編集協力◉松山久

妄想実験

妄想主婦&読者がトライした「引き寄せ実験13」

2021年9月15日　第1版第1刷

著　者　かずみん
発行者　伊藤岳人
発行所　株式会社廣済堂出版
〒101-0052東京都千代田区神田小川町2-3-13M&Cビル7F
電話 03-6703-0964（編集）　03-6703-0962（販売）
FAX 03-6703-0963（販売）
振替00180-0-164137
URL　https://www.kosaido-pub.co.jp

印刷所
製本所　株式会社シナノ

ISBN 978-4-331-52343-8　C0095